APA PUTA QUE PARIU

COMO TROQUEI A CARREIRA CORPORATIVA PELA CERVEJA

UMA HISTÓRIA DE EMPREENDEDORISMO

CHRISTIAN SANTOS

Dados Internacionais de Catalogação na Publicação (CIP)
(Câmara Brasileira do Livro, SP, Brasil)

Santos, Christian Luiz dos
   APA puta que pariu, como troquei a carreira
corporativa pela cerveja / Christian Luiz dos
Santos. -- Cabo Frio, RJ : Ed. do Autor, 2020.

   ISBN 978-65-00-14278-5

   1. Cerveja APA 2. Cerveja - Preparação
3. Cervejarias - Brasil - História
4. Empreendedorismo 5. Santos, Christian Luiz dos
I. Título.

20-52557   CDD-641.230981

Índices para catálogo sistemático:

1. APA : Cervejas : História : Brasil   641.230981

Cibele Maria Dias - Bibliotecária - CRB-8/9427

APA PUTA QUE PARIU

COMO TROQUEI A CARREIRA

CORPORATIVA PELA CERVEJA

UMA HISTÓRIA DE EMPREENDEDORISMO

CHRISTIAN SANTOS

Primeira Edição, 2020

Edição revisada segundo o Novo Acordo Ortográfico da Língua Portuguesa Brasileira.

AUTOR
Christian Luiz dos Santos
Cabo Frio, Rio de Janeiro, Brasil
Haia, Holanda do Sul, Países Baixos
APAPUTAQUEPARIU.COM
christiancobain@gmail.com

REVISÃO
Cláudia Dornelles

FOTO DA CAPA
Gabriel Assis

Nota: Muito zelo e profissionalismo foram empregados na edição desta obra. No entanto, podem ocorrer erros de digitação, impressão ou dúvida conceitual. Em qualquer das hipóteses, solicitamos a comunicação através do endereço de e-mail mencionado acima, para que possamos esclarecer ou tomar providências. O autor não assume qualquer responsabilidade por eventuais danos ou perdas a pessoas ou bens, originados do uso desta publicação.

O SEU MAIOR LIMITADOR É VOCÊ MESMO.
(AUTOR DESCONHECIDO)

Este livro é dedicado aos meus filhos, Zyon e Yara, responsáveis pelo meu reencontro com Deus e o entendimento claro sobre uma lei universal: para toda criatura no universo, existe um criador.

É dedicado à Debbie, minha esposa, por sempre ter me apoiado (you have always been my safe home).

É dedicado aos meus pais, Celi e Luizvaldo, que se sacrificaram a vida inteira para que eu pudesse ter uma boa educação, capacidade e coragem de mandar tudo para a puta que pariu, se assim eu quisesse.

É dedicado às minhas primas, Carol e Mariana, por terem sempre me ajudado e colaborado para o meu sucesso.

É dedicado ao meu padrinho Pedro e minha tia Penha. Sem eles, o início da minha jornada profissional teria sido muito mais difícil.

É dedicado aos meus amigos, que de perto ou de longe torceram por mim.

Dedico esse livro também aos meus avós, quatro trabalhadores da roça, empreendedores que construíram a base da nossa família em períodos de adversidade.

Por fim, dedico esse livro aos meus irmãos, meus sobrinhos, minha madrinha, meus tios, meus primos, meus sogros, meus cunhados, meus ex-colegas de trabalho, os ex-líderes que me inspiraram a ser um profissional melhor, meus ex-sócios, meus clientes, meus fornecedores, meus parceiros de negócio, meus apoiadores e, especialmente, todos os empreendedores que estão nesse momento dedicando suas vidas aos seus próprios sonhos ou prestes a iniciar essa incrível jornada.

SUMÁRIO

PREFÁCIO

Ainda me lembro bem do dia que eu conheci o Christian. Eram meados do ano de 2015, eu estava no meu bar na cidade de Cabo Frio quando ele entrou para oferecer umas cervejas que ele trazia no porta-malas do carro. Eu trabalhava com cervejas artesanais e o Christian tinha um clube de assinaturas de cervejas e um site de vendas online, o Cerveja na Caixa. Na verdade, ele queria me vender algumas cervejas que não tinham muita saída no site. Era um negócio interessante para mim, afinal, eram cervejas diferentes, cervejas de marcas pouco conhecidas pelos clientes e que o Christian trazia de outras regiões do país. No fim, era um bom negócio para os dois.

Nessa época ainda não existia a cervejaria Aqueles Caras, ela viria alguns meses depois, no final daquele mesmo ano. O lançamento da Aqueles Caras foi na edição do Mondial de La Bière de 2015 na cidade do Rio de Janeiro. A cervejaria contava com um único rótulo que chamava bastante atenção por seu nome rebelde e ao mesmo tempo cômico: APA Puta Que Pariu!! O nome era uma referência ao estilo da cerveja, uma American Pale Ale, junto com o grito de liberdade, a vontade do Christian de mandar tudo para a PQP. Logo no lançamento, a cerveja fez grande sucesso e teve aceitação e reconhecimento imediatos no meio cervejeiro carioca. Eu estava lá, e tive a oportunidade de provar do primeiro lote da APA Puta Que Pariu naquela edição do Mondial.

Ainda no final do ano de 2015, o Christian e eu promovemos um pequeno lançamento da Cervejaria Aqueles Caras no meu bar, como uma *"invasão"*, ou *"tap takeover"*, termos da moda à época para ações de cervejarias em bares. Naquela ocasião, o único rótulo produzido era o daquela American Pale Ale com nome "diferentão", a APA Puta Que Pariu. Aquela foi mais uma oportunidade para eu beber mais daquela grande cerveja! Passados alguns anos, trabalhamos juntos no Festival de Cervejas que realizamos em Cabo Frio no ano de 2017.

A verdade é que eu vejo muitas semelhanças entre o Christian e eu. Em algum momento da vida ambos não estávamos contentes com nossos empregos e deixamos nossas carreiras convencionais. Ele, em grandes corporações como exposto nesse livro, e eu, como advogado e servidor público. "Largamos tudo" para empreender e trabalhar com cerveja. Recentemente, ambos trocamos o Brasil por um outro país em busca de uma melhor qualidade de vida. O Christian foi para a Holanda e eu vim para a Espanha. E assim mandamos tudo para a PQP mais uma vez!

Tive o prazer em ser um dos primeiros a ler este livro. O Christian aborda muitos dos desafios enfrentados por um pequeno empreendedor em um país gigantesco e cheio de dificuldades como o Brasil. E temas que vão desde a escolha do nome para um negócio, criação de uma marca, protótipos, sociedade com amigos (e desconhecidos), capital de investimento, até os problemas de distribuição e logística em uma grande cidade. É uma história de empreendedorismo real, que expõe a experiência pessoal do autor, com seus erros e acertos, altos e baixos, através de uma leitura fácil e agradável com uma narrativa moderna e dinâmica.

Este livro não é indicado apenas para cervejeiros e apaixonados por cerveja artesanal, ele pode inspirar qualquer pessoa que tenha vontade de mandar tudo para a PQP e empreender (pense bem antes). Além disso, expõe algumas armadilhas e situações que podem ser evitadas quando se monta o próprio negócio. Esta é, sem dúvida alguma, uma história de empreendedorismo motivado pela autorrealização.

Da insatisfação, ideias iniciais, para a ação e realização do sonho de "viver de cerveja"! É o que você vai encontrar narrado nas páginas deste livro...

Boa leitura!

DANIEL MONTEIRO
*Beer Sommelier e Brand Ambassador na
Cervezas La Cibeles, Madrid, Espanha*

INTRODUÇÃO

Se ao menos uma vez na vida você já pensou em largar tudo e correr atrás de seus sonhos, acredito fortemente que este livro foi mesmo escrito para você.

De fato, queria ter lido algo neste sentido quando decidi que iria, literalmente, mandar tudo para a puta que pariu e viver de cerveja, lá por volta de 2014.

A história não começa exatamente assim. As coisas aconteceram, e quando percebi, lá estava eu odiando meu último emprego, o qual, inicialmente, parecia ser meu emprego dos sonhos.

Nele, tive oportunidade de me desenvolver bastante. Os projetos eram desafiadores e ajudava a empresa a economizar. Eu viajava para o exterior duas vezes por ano para participar de treinamentos, e meus superiores na matriz francesa e nos Estados Unidos davam feedbacks sempre muito positivos sobre meu trabalho.

Como em todo emprego novo, eu ainda estava me adaptando à cultura da empresa quando, na minha primeira viagem à matriz, comecei a ser sondado sobre o assunto expatriação.

A possibilidade existia. E a expatriação era algo que eu sonhava conquistar naquela empresa conforme eu avançasse na carreira.

Eu sabia que era factível, não era uma ideia maluca. Um amigo de infância, que também trabalhava lá, morava na França naquela época, e havia trilhado anos antes aquele caminho.

Era a oportunidade dos sonhos, afinal, mesmo casado com uma holandesa, eu costumava dizer que só me mudaria para o exterior se fosse expatriado, já com o emprego garantido e um plano de carreira em andamento. Assim, não correria o risco de ter que fazer qualquer outra atividade "menos nobre" para sobreviver.

Bom, hoje considero que qualquer emprego é um bom emprego, desde que você consiga pagar suas contas, sustentar sua família com dignidade e obter seus rendimentos de forma lícita. Mas, naquela época, eu não pensava exatamente assim.

Eu achava que emprego bom era somente aquele em que você ia trabalhar de terno e gravata, ou com uma bela camisa social com uma grife bordada no peito. Lá estava eu, trabalhando para uma multinacional, crescendo na vida, na carreira, na profissão, cheio de planos para o futuro, apesar de algumas incertezas.

O fato era que, independentemente das possibilidades que existiam para mim, mesmo após dois anos na empresa, eu ainda me sentia incompleto, meio desnorteado, um pouco infeliz.

Mas o futuro parecia bom, eu tinha boas avaliações de desempenho, e a cada projeto com os franceses ou com os americanos, mais o meu trabalho era notado. Eu encarava minha adaptação como uma questão de tempo, as coisas melhorariam aos poucos, e no fim tudo se encaixaria.

Ledo engano.

Meu time se reportava diretamente ao diretor da área, um cara muito solícito, mas bastante ocupado.

Ele tinha que se preocupar com as atividades do seu *métier* e ainda dar conta da direção de um time de consultores internos que havia caído de paraquedas no seu colo. Nosso time era focado em resolver problemas da organização em áreas não industriais.

Executávamos estudos de viabilidade e projetos relacionados à melhoria de processos, eficiência e desempenho da organização. Atuávamos de forma independente, autogerenciável, suportando o planejamento e execução de projetos junto aos gerentes de área. Tínhamos acesso a todos os gestores de processos, diretores da empresa, incluindo o CFO, o vice-presidente e o CEO da operação brasileira.

Interagíamos muito com outros executivos da matriz francesa em Clermont-Ferrand e em Greenville, na Carolina do Sul, EUA, o que nos proporcionava muitas chances de aprendizado.

Nessa época, inclusive, cheguei a ter um *coach*, que trabalhava na operação americana. Uma espécie de mentor, cuja função era me auxiliar a me tornar um profissional melhor.

No auge dos meus 30 anos, eu achava aquilo sensacional, e valorizava qualquer chance de aprender algo novo. Poder receber mentoria de um executivo com mais de 20 anos de casa me parecia uma ótima ideia.

Mas lembra que eu disse que meu chefe na época era muito ocupado?

A organização decidiu contratar uma pessoa para liderar nossa área, que futuramente seria desmembrada do departamento que estávamos.

Assim, não nos reportaríamos mais ao nosso atual diretor, mas sim a essa nova funcionária. Naquela época, o mercado estava em desaceleração, e estávamos passando por uma reestruturação na empresa.

De fato, meus últimos projetos foram relacionados à redução de custos de venda, administrativo e despesas em geral. Em algumas áreas, identificávamos oportunidades de economia ao revisar processos e eliminar atividades que não agregavam valor.

Talvez minha posterior demissão tenha sido fruto desse trabalho que eu mesmo ajudei a executar.

Como eu estava ocupado demais com as atividades que estavam no meu escopo, não percebi que eu mesmo fazia parte do escopo de outros projetos. Meus sonhos no mundo corporativo começaram a desandar a partir daí.

Eu não entendia o porquê de contratar alguém sem experiência nenhuma para liderar uma área tão importante para a empresa. Naquela época, eu não entendia que, às vezes, o chefe de uma área não precisa realmente entender tecnicamente como executar as atividades de seus funcionários.

Basta saber como fazê-los executá-las...

Eu também não conseguia lidar com o fato de ser liderado por alguém em quem eu não conseguia me espelhar, admirar e absorver conhecimento para a minha jornada. Os projetos sob meu comando aos poucos foram sendo passados para a nova chefe, ao mesmo tempo em que havia uma situação desconfortável no setor.

O ambiente se tornava mais hostil e desagradável a cada dia. E, a cada dia, eu ia desistindo um pouquinho mais de continuar ali.

Eu vinha rascunhando um plano de expatriação aos poucos, para o longo prazo na companhia, o qual já tinha recebido apoio, ainda que informal, do diretor da minha área. Mas aquilo foi destruído em uma conversa de cinco minutos, tomando café no terraço da empresa.

Eu estava sentado na minha baia quando a nova chefe apareceu e me chamou para tomar um café. Ela queria conversar comigo em particular, e seria uma conversa rápida.

— Meu marido levou mais de 10 anos para ser expatriado. Você acabou de chegar, quem você pensa que é? Pode tirar seu cavalo da chuva, porque, se depender de mim, tão cedo você não vai.

Tudo parecia estar desmoronando.

Naqueles meses, fui do céu ao inferno, passando por noites de insônia e esgotamento emocional. A vontade de pedir demissão era grande, mas não pedi.

Você já deve ter ouvido dizer por aí que a maioria dos profissionais que deixam as companhias em que trabalham não estão necessariamente insatisfeitos com a empresa, mas com seus chefes. Pesquisas mostram que chefes ruins são o grande fator de estresse no trabalho.

Na última semana de trabalho, estranhamente, pessoas que eu admirava simplesmente me deram as costas.

Antes mesmo de eu perceber o que estava de fato acontecendo, veio a minha demissão, cuja notícia foi dada com um sorriso no rosto e eu a recebi com uma grande sensação de alívio dentro do peito.

Aquele sofrimento sem propósito algum, ou sem um propósito de fato significativo, finalmente chegava ao fim.

Pode parecer que fui fraco, não fui resiliente o suficiente. Talvez eu tenha sido fraco mesmo. Talvez tenha faltado resiliência. Afinal, hoje em dia, tenho plena noção de que minha vida profissional foi uma jornada ótima, apesar dos pequenos percalços que encontrei pelo caminho.

Eu nunca havia passado por dificuldades de verdade.

Sabe aquela história de que mar calmo não faz grandes marinheiros?

Pois é, mas a tempestade viria nos anos seguintes, quando, por exemplo, vi meu filho nascer em um parto violento, na suposta melhor maternidade do Rio de Janeiro. Naquela mesma época, em 2017, eu tinha minha própria equipe de vendedores no Rio, distribuidores em alguns estados e havia alcançado um ótimo volume de vendas das minhas cervejas. Minhas brassagens na Artesamalt em Minas Gerais eram frequentes e eu havia dominado, precisamente, o processo de produção de minhas receitas. Minha empresa crescia mês a mês, mas minha conta corrente pessoal estava negativa e meu dinheiro era drenado por juros bancários.

Mas como isso aconteceu, se minha empresa estava crescendo? Crescer dói, e talvez você consiga aprender com meus erros ao ler essa história. Provavelmente eu vá contar com mais detalhes como entrei e saí dessa situação em um próximo livro, uma vez que, a história contada aqui ocorre entre 2014 e 2016.

Não me entenda mal, superei muitas dificuldades na vida, assim como você provavelmente também superou. Não estou aqui para dizer o quanto fui vencedor, mas para falar sobre aquilo que ninguém mais por aí está disposto a revelar.

Nesse livro, eu vou compartilhar minhas derrotas. Como lidei com o fracasso...

Vou falar das vitórias também, pois elas me enchem de orgulho. Alcançar o sucesso é indescritível. Afinal, quem aqui não gosta de vencer na vida? Pois é, também vou tentar te contar algo que ninguém diz sobre vencer na vida!

Mas, como mencionei, se eu tivesse conhecido a experiência de alguém que passou pela epopeia que eu passei empreendendo nos últimos anos, certamente teria tomado decisões melhores. Simplesmente, eu teria errado menos ao aprender com os erros dos outros.

Largar o emprego é uma decisão difícil, mas não é a decisão mais difícil que você terá que tomar na vida ou em sua jornada de empreendedor.

Se você foi demitido, talvez esse não seja o fim, e sim o começo.

"Mas se você foi demitido, você não largou o emprego, foi a empresa que largou você, correto?"

Correto. Mas nem tanto.

Quando fui demitido inesperadamente, decidi que não iria mais buscar um emprego cuja principal motivação fosse o tamanho do salário.

Eu não estava rompendo relações com uma empresa em si, mas sim com um estilo de vida que não fazia mais sentido.

Eu amei as empresas às quais eu fui funcionário. Cresci na vida e aprendi muito trabalhando naquelas organizações. Fiz amigos para a vida toda. Amava, e ainda amo, a minha profissão de formação. Entretanto, decidi que iria trabalhar e gerar renda para sustentar minha família sem depender de um emprego formal, fazendo algo que tivesse mais significado para mim, algo que me deixasse mais feliz e que me permitisse ser exatamente quem eu sou.

EU DECIDI QUE NÃO IRIA VOLTAR AO MERCADO DE TRABALHO TRADICIONAL E QUE IRIA EMPREENDER.
RECOMEÇAR DO ZERO.

Escrevi esse livro para compartilhar com você como foi essa jornada. No entanto, quero que você saiba que a decisão de largar o emprego, ou de não mais buscar empregos para sobreviver, precisa ser planejada com atenção. O que não quer dizer que você não possa apenas seguir o seu coração e mergulhar na aventura. Assim como não significa que você não deva planejar bem sua jornada.

Acredito que a chave do sucesso esteja justamente no equilíbrio entre planejamento e execução, no seu próprio equilíbrio, de acordo com o cenário em que você está inserido.

Ainda que eu tenha me preparado para encarar a minha empreitada como empreendedor, as coisas nem sempre saíram como planejado. Eu planejei. Bom, eu tentei planejar. Mas foi executando que eu encontrei o sucesso... e o fracasso.

Como dizia Joseph Climber, "A vida é uma caixinha de surpresas."

1. IDEIA INICIAL

Ironicamente, a ideia inicial não tinha nada a ver com cerveja.

Eu queria desenvolver uma plataforma de EAD (ensino à distância) voltada ao mercado de auditoria de sistemas e consultoria de processos de negócio.

Afinal, eu havia passado os últimos anos atuando como consultor e auditor em grandes empresas como Michelin e EY, atendendo clientes como Vale, Petrobrás, Eletrobrás, Comitê Olímpico Brasileiro, Monsanto, GSK, Estácio de Sá, B2W e outras empresas listadas na bolsa de valores.

Com minha experiência em projetos complexos e com a ajuda de alguns amigos e ex-colegas de trabalho, minha visão era construir uma plataforma com conteúdo valioso, criado por profissionais experientes para outros profissionais ou estudantes recém-graduados.

Resolvi entrar em contato com alguns amigos.

Liguei para o Leo e o Trindade. Na minha cabeça, o Leo poderia criar um curso sobre Controles Internos, SAP ou Oracle. Já o Trindade poderia criar um curso sobre Análise de Dados utilizando o ACL, uma ferramenta para trabalhos de auditoria em bases de dados gigantes. Eu criaria um curso sobre Gestão de Mudança e Gestão por Processo, e, mais tarde, nós três poderíamos abordar outros assuntos em conjunto.

Ambos aceitaram o convite, e passamos a nos encontrar para discutir ideias e esboçar um plano de negócio.

A ideia era nos encontrarmos semanalmente, ou ao menos conversar via Skype uma vez por semana. Na época, todos tínhamos empregos e carreiras, e nem mesmo eu imaginava que, dentro de alguns meses, aquela não seria mais a minha realidade.

Passamos alguns meses nos reunindo quase semanalmente. Combinamos que começaríamos produzindo juntos o primeiro curso. O Trindade iria preparar alguns slides para um treinamento do tipo Fundamentos de Análise de Dados com ACL. A partir dessa experiência, aprenderíamos o caminho das pedras para produzir treinamentos online e poderíamos utilizar o aprendizado para produzir os próximos cursos de forma mais assertiva.

Paralelamente, entrei em contato com outros amigos que poderiam desenvolver treinamentos sobre outros assuntos, como Governança, Compliance, Auditoria Contábil etc.

A ideia era viabilizar a plataforma online, vender os treinamentos explorando o modelo de assinatura e dividir o resultado com os instrutores.

Nessa mesma época, eu tinha começado a ler o livro A startup enxuta, de Eric Ries, e estava encantado com a abordagem de prototipagem e pensamento enxuto que ele apresentava naquela obra.

Então, quanto mais eu avançava na leitura, mais queria colocar as ideias em prática, pois eu não pensava mais que precisava ter um projeto super detalhado, um plano de negócio muito bem elaborado ou mesmo muitos recursos financeiros para poder lançar um produto novo no mercado.

Eu sabia que precisava criar um MVP, um produto mínimo viável. Eu precisava criar um protótipo, algo simples, porém funcional, que me possibilitasse testar a ideia de negócio e colher feedback.

Comecei a buscar plataformas de EAD *open source*, como a Moodle, mas vi que o esforço de customização para atingir nossos objetivos exigiria muito trabalho. Então, passei a buscar outras soluções e encontrei uma plataforma chamada EADBOX. Era uma plataforma SaaS, ou seja, fornecia a estrutura sistêmica para que empresas de qualquer área pudessem criar seus próprios treinamentos para ensino à distância de forma fácil e intuitiva.

Fomos provavelmente os primeiros usuários dessa plataforma, pois lembro bem que, naquela época, éramos atendidos pelo fundador da empresa, atualmente CEO de uma startup de educação que levantou bastante capital no mercado nos últimos anos.

Com uma solução como a EADBOX, que não nos exigiria custo de implementação elevado, poderíamos ter nosso próprio site de venda de cursos online, totalmente customizado com nossa marca e identidade visual, de forma simples e rápida.

E, realmente, viabilizar a plataforma a um custo bem baixo por usuário não foi a tarefa mais difícil. Como eu estava buscando testar e validar nossa ideia de negócio, sabia que não precisava investir meses ou anos desenvolvendo uma ferramenta cuja aceitação do usuário final era incerta.

Afinal de contas, não tínhamos certeza de que haveria interesse do público em adquirir nossos cursos. E se ninguém quisesse comprar nada?

Você deve estar se perguntando por que alguém investiria tempo, esforço e dinheiro no desenvolvimento de um produto que não sabe ao certo se vai gerar retorno. Acredite, não faz mesmo sentido, e é mais comum do que parece. Foi lendo o livro do Eric que aprendi que eu poderia testar uma ideia, investindo pouco antes de efetivamente desenvolver um produto.

No nosso caso, sabíamos que havia alguma demanda, pois conhecíamos o mercado, e a oferta daquele tipo de treinamento era bem limitada. Muitos de nossos clientes demandavam aquele tipo de conhecimento, mas as ofertas existentes eram caras e escassas.

Nós mesmos consumíamos treinamentos online sobre assuntos correlatos na época. As previsões de crescimento do mercado de EAD no Brasil eram altamente animadoras, e havia muitas oportunidades de emprego naquelas áreas.

Entretanto, por mais que estivéssemos pesquisando o mercado, tentando mensurar nossa demanda, sabíamos que nada era garantido.

Então, buscar uma solução que permitisse testar e validar nossas hipóteses de forma efetiva e barata era o caminho mais viável a seguir.

Assim, poderíamos confirmar tal demanda sem necessariamente investirmos muito dinheiro.

Ao criar um curso básico sobre um dos tópicos que dominávamos e tínhamos credenciais para vender, poderíamos iniciar um trabalho de prospecção e venda, gerando e qualificando leads, coletando dados e direcionando melhor nossas decisões em relação aos próximos treinamentos.

Nós tínhamos uma lista grande de cursos que queríamos produzir. E esse foi um dos erros desse projeto.

Quando digo que viabilizar a plataforma não era a tarefa mais difícil, há um porquê. Como eu já disse, se eu fosse desenvolver a plataforma do zero, ainda que baseada em sistemas open source com a maioria das funcionalidades já desenvolvidas, aí sim essa seria a tarefa mais difícil do projeto.

Mas, na busca de uma solução que permitisse testar nossa ideia de negócio de forma fácil, barata e rápida, encontramos uma ferramenta paga que nos permitiu fazer isso em poucos dias.

Veja que, nesse caso, apesar de não ser gratuita, tal ferramenta teria um baixo custo de implementação e manutenção e, consequentemente, um TCO menor.

Com a plataforma definida e nosso domínio registrado, comecei a customizar o site Big4.Training para ter algo a mostrar aos nossos instrutores em potencial.

Observe que, até aqui, ainda não dei muita ênfase àquilo que considero ter sido o maior desafio desse projeto: a criação do conteúdo dos treinamentos e a transformação desse conteúdo em um material que pudesse ser comercializado em forma de cursos.

Eu já estava percebendo que diversos obstáculos surgiam quando tínhamos que dar o passo adiante para a gravação do conteúdo. E eu realmente não havia contado com eles. Não tinha imaginado, por exemplo, que a percepção que um instrutor tem da própria voz na gravação poderia ser um problema. Não tinha considerado que, para algumas pessoas, dar uma aula de frente para a câmera seria um fator impeditivo.

Tirar aquele treinamento do slide e transformá-lo em um produto que pudesse ser vendido milhares de vezes a partir de um único esforço de produção era realmente algo complicado, que eu havia subestimado.

Percebi que as aulas dificilmente seriam gravadas na casa do instrutor, com seu próprio equipamento, como eu havia cogitado inicialmente.

Decidi então preparar um ambiente no quarto de casa, com computador, interface de gravação de áudio, um excelente microfone AKG e os softwares adequados para a edição dos treinamentos. Assim, poderia deixar tudo configurado, em ponto de bala, bastando convidar meus amigos para um almoço no fim de semana e colocá-los para gravar as aulas.

Como sou músico amador nas horas vagas, eu já tinha todos esses equipamentos em casa, inclusive uma boa câmera DSLR para capturar as imagens.

Em outras palavras, tínhamos tudo nas mãos. Bastava executar!

Combinei com o Trindade e o Leo para finalmente iniciarmos a gravação do nosso primeiro curso. Eu tinha deixado tudo no esquema e aprendido a utilizar o software de edição nas últimas semanas, e bastava apenas iniciar a gravação do material já pronto.

O curso não estava completo, mas havia slides suficientes para começarmos a gravar. Minha meta era realmente experimentar, colocando a mão na massa e avançando para a concepção de um produto mínimo. Com um produto final, ou quase final, em mãos, poderíamos avaliar e ajustar o formato do treinamento. Será que a forma como o conteúdo seria transmitido era boa? E a didática? Como poderíamos fazer treinamentos que se diferenciassem dos nossos concorrentes? Ao colher feedback dos alunos "cobaias", poderíamos ter respostas mais claras a essas perguntas.

NO DIA DA GRAVAÇÃO DO PRIMEIRO CURSO, HAVIA UMA INTERFERÊNCIA NA CAPTAÇÃO DO ÁUDIO QUE NOS IMPEDIU DE CONTINUAR. ENTÃO, DECIDIMOS APROVEITAR O TEMPO LISTANDO NOVAS IDEIAS DE NEGÓCIO EM UM FLIPCHART...

Naquele domingo de sol, em um pequeno apartamento em Jacarepaguá, estávamos eu, o Trindade e o Leo sentados em frente ao meu computador, tentando entender por que cargas d'água um barulho inconveniente era captado toda vez que começávamos a gravar a narração do curso.

Será que era o cabo? A interface USB? O computador? Comprei cabos novos, mas, nas semanas seguintes, eu viria a descobrir que a causa não era nenhum desses itens. Um simples estabilizador de energia resolveu o problema.

Mas já era tarde demais.

Era tarde demais para o projeto Big4.Training, pois, àquela altura, já tínhamos sido dragados para uma realidade alternativa, talvez um universo paralelo. Passamos muitos meses pesquisando o mercado, tentando criar um plano de negócio, mas tínhamos investido pouco tempo na efetiva criação de um treinamento do início ao fim.

Os cursos seriam o principal produto que a nossa plataforma venderia, e após meses nos reunindo ainda não tínhamos sequer um curso produzido.

E antes que alguém venha com aquele papo de empreendedores de palco que se ouve por aí, saiba que uma padaria que não faz pão não é padaria, por mais nobre que seja o propósito ou o valor do se propõe a fazer.

Queríamos ser um marketplace de treinamento corporativo via EAD, com missão X, visão Y, valores blá-blá-blá... Pensamos em tudo isso.

Criamos um plano de negócio e o revisamos n vezes. Preenchemos nossos modelos SWOT, investimos o tempo limitado das nossas reuniões discutindo coisas abstratas, estratégicas demais para aquele momento.

Apesar de tudo o que foi mencionado acima ser importante estrategicamente para o negócio, o investimento de tempo nessas atividades no início do projeto não gerou incremento nenhum na construção do produto que, de fato, deveria interagir com o cliente final.

Já não estávamos nos reunindo com a mesma frequência do começo, e talvez já não estivéssemos tão empolgados com a nossa ideia.

De fato, também tínhamos restrições de tempo devido aos compromissos com nossos empregadores e nossas famílias.

Então, aquele encontro de domingo era uma oportunidade que tínhamos que aproveitar para produzir algo positivo para nós mesmos.

Como não conseguimos executar nossa primeira gravação devido aos problemas técnicos, quis aproveitar aquela tarde para discutir outras ideias de negócio que poderíamos tocar juntos.

Começamos a listar nossas ideias no flipchart, em uma espécie de brainstorming inicial. Em seguida, utilizei uma técnica de apoio à decisão para selecionar ideias para execução, considerando fatores como facilidade versus complexidade e custo baixo versus alto custo para realização.

Dessa maneira, poderíamos pré-selecionar as ideias mais viáveis, onde uma ideia simples e com baixo custo de execução teria mais prioridade para ser prototipada.

Você mesmo pode utilizar esse tipo de abordagem para listar suas ideias e classificá-las de acordo com os critérios de complexidade e custo. Também pode editar os critérios e utilizar o que você julga ter menos ou mais importância como requisitos cruciais para um produto mínimo viável.

E sim, estou falando das suas ideias. Já que você está aqui, lendo esse livro sobre realização de ideias, por que não aproveitar para amadurecer as suas? Para começar, basta um papel e uma caneta...

2. SUMO JERKY

Eu lia bastante conteúdo na internet sobre startups e estava sempre em busca de novas ideias de negócios. Ideias que, na maioria das vezes, jamais seriam executadas. Afinal, eu não tinha tempo.

Um pouco antes, eu havia começado a seguir um cara chamado Noah Kagan. Não lembro mais como passei a receber suas newsletters, mas, em uma delas, ele falava sobre um desafio que havia recebido no reddit: criar um negócio do zero em apenas 24 horas. Ele iria mostrar tudo o que tinha feito para vencer o desafio e gerar cerca de mil dólares de receita recorrente somente naquele intervalo de tempo.

Li todo o post sobre o experimento em seu blog e fiquei convencido de que poderia testar algo parecido. O que o Noah descrevia fazia bastante sentido, e tinha muito a ver com as ideias que eu já estava amadurecendo sobre criar negócios de forma enxuta. Eu queria criar um negócio que eu pudesse executar em background, no segundo tempo, após o expediente ou nos finais de semana.

Como na época minha esposa não tinha um emprego, se a ideia desse certo, ela poderia ficar à frente do negócio.

E a ideia do clube de assinatura de beef jerky parecia ser realmente bem fácil de executar. Como esse tipo de *snack* não era comum no Brasil, comecei a buscar produtos similares. Eles teriam que ser fáceis de transportar, enviar e armazenar, e eu precisava ter uma boa variedade de fabricantes, marcas e sabores. Assim, poderia organizar os produtos em categorias, explorar temáticas diferentes e entregar mensalmente uma seleção "curada" para os assinantes.

Naquele momento, eu não me preocupava ainda com o valor que geraria para o cliente, com exceção do conforto e da economia de tempo. Também não estava partindo para a solução de um problema específico, pois um clube de assinatura de beef jerky não iria resolver um problema vital para ninguém.

Eu apenas queria criar um negócio simples de operar. Considerava que, se eu conseguisse achar um produto que as pessoas já tivessem o hábito de comprar, talvez alguém se interessasse em recebê-lo em casa de forma automática.

Conforme a frequência escolhida, o serviço seria cobrado na fatura de cartão do assinante automaticamente. Nosso trabalho seria apenas adquirir os produtos a um custo sobre o qual pudéssemos aplicar uma margem. Assim, poderíamos fazer 12 vendas de uma só vez com uma assinatura mensal pelo período de um ano.

Um dia, andando pelo supermercado, notei que havia uma grande variedade de barras de cereais nas prateleiras. Eu consumia aquilo de vez em quando, mas não me via assinando um clube de barras de cereais sem diferencial algum.

Entretanto, se em vez de barras de cereais açucaradas eu recebesse um alimento energético para consumir antes, durante ou após meus treinos na academia, isso certamente resolveria um problema para mim.

Minha vida era corrida entre horas no trânsito, trabalho, horas no trânsito e minha casa. No dia seguinte, eu acordava e reiniciava o *looping*.

Não tinha tempo nem muita vontade de ir a lojas de alimentação natural ou produtos "fitness" e ficar escolhendo o que comprar. Mas, se alguém escolhesse para mim e mandasse para minha casa, todo mês, uma caixa de suplementos para me ajudar a repor as energias durante os treinos, eu certamente viraria usuário do serviço.

Fui lá e registrei um domínio chamado "natureba.club".

Confesso que eu era meio viciado em registrar domínios, principalmente aqueles que se podia registrar por um dólar no primeiro ano.

Mas espere aí, quando eu vou falar de cerveja, você deve estar se perguntando.

Bom, a essa altura, tudo não passava de ideias, e tínhamos muitas ideias em paralelo. Muitas ideias e pouca execução, apesar de atualmente considerar que tudo fazia parte de um processo.

Um longo processo, que somente hoje, seis anos depois, consigo "olhar de cima" e perceber que era o começo de uma jornada.

Na verdade, estávamos em um processo de transição, saindo da longa etapa de ideação e, aos poucos, partindo para ação.

E estou contando tudo isso para que você saiba que, no fundo, nada acontece da noite para o dia. Tá, eu sei que você provavelmente já sabe disso.

Mas talvez você esteja em uma situação similar neste momento, cheio de ideias, muitos planos, muitos sonhos, porém meio perdido sobre como realizá-los.

Talvez você tenha medo de perder algo que levou muito tempo para conquistar, correto? É possível realmente transformar nossas ideias, qualquer ideia que seja, em algo concreto, rentável, com baixo risco e com os poucos recursos que tenho?

Eu me fiz essa pergunta várias vezes. E sabia a resposta. Na minha cabeça, já havia iniciado e desistido de muitas ideias de um milhão de dólares que tive ao longo da vida. E as ideias daquele momento talvez fossem, mais uma vez, apenas ideias.

"É PRECISO TER MUITO DINHEIRO PARA INICIAR UM NEGÓCIO DE SUCESSO…"

"E SE NÃO DER CERTO?"

"NÃO TENHO DINHEIRO PARA PERDER, NÃO POSSO TER PREJUÍZO!"

"PARA TER SUCESSO, PRECISO FAZER O MELHOR PLANO DE NEGÓCIO DO MUNDO!"

Bom, essas frases nunca foram minhas, mas me rondavam o tempo todo.

Eu já havia iniciado um negócio no passado, aos 20 anos de idade, sem dinheiro algum, sem fazer ideia do que era um plano de negócio. Ainda assim, tinha sido capaz de gerar empregos, depois vender o negócio e colocar no bolso uma boa quantia.

Enquanto jovem e inexperiente, nunca tive medo de arriscar e mandar tudo para a puta que pariu. Então, o que me impedia de colocar minhas ideias em prática naquele momento?

A diferença era que, anos depois, já com bastante experiência no mercado, com formação acadêmica mais relevante e com mais conhecimento sobre gestão de negócios, passei a ter mais medo de perder.

Sabe a tal da zona de conforto? Era mesmo muito confortável.

Ora, eu trabalhava com gestão de riscos na EY. E a vida de empregado CLT parecia excelente em termos de risco. Eu achava que o risco era baixíssimo.

Eu já havia empreendido antes. Não precisava de matriz de risco alguma para entender que abrir uma empresa, alugar um ponto comercial, investir em reforma, contratar funcionários, adquirir estoque, investir em marketing e propaganda, pagar contador, apurar impostos, fornecer suporte e garantia ao cliente... era tudo arriscado demais, especialmente no Brasil.

E era assim que eu havia empreendido no passado. Prestava serviços como consultor de TI para pequenas empresas e tinha um excelente contrato com um escritório de advocacia. Em paralelo, tinha um ponto comercial no centro de Cabo Frio, onde vendia e alugava computadores por hora e prestava assistência técnica autorizada para alguns fabricantes de hardware.

Não pense que eu detesto o mundo corporativo. Tenho uma gratidão imensa por todos os investimentos que fizeram em mim e todas as oportunidades que tive.

Eu adorava a vida de CLT em empresas grandes. Muitas oportunidades, muito aprendizado, muitos benefícios adicionais ao salário, excelentes restaurantes todos os dias, hotéis de quatro ou cinco estrelas quando eu viajava a trabalho.

Meus chefes e colegas viraram meus amigos. Alguns viraram meus sócios.

O mais legal era que eu podia tirar férias uma vez ao ano, trinta dias, sem me preocupar com o trabalho. Até os 26 anos de idade, eu havia trabalhado sem nunca tirar férias. Quando você empreende, não quer tirar férias.

Meu salário caía certo na conta todo mês. A conta corrente jamais ficava negativa, pois o dinheiro entrava independentemente do faturamento da empresa.

Quando fui trabalhar na Michelin, passei a ganhar bem mais do que antes, mas mantive um estilo de vida um ou dois degraus abaixo do que eu podia pagar.

Todo mês, eu guardava dinheiro.

E talvez esse tenha sido meu primeiro passo em direção à puta que pariu.

Ao longo dos anos, fui criando uma reserva de capital. Mandar tudo para a puta que pariu não necessariamente significava ser inconsequente.

3. IDEIAS EM FERMENTAÇÃO

Lembra que estávamos sentados em frente ao meu computador, frustrados por não conseguir resolver o problema da gravação do áudio no nosso projeto de EAD? Pois é, como eu disse, recorremos ao meu flipchart e listamos várias ideias.

Queríamos avaliar se eram fáceis e viáveis dentro das nossas circunstâncias. Isto é, tínhamos um emprego que ocupava de oito a 12 horas do nosso dia, e ainda queríamos arranjar algo mais para fazer no tempo livre.

Éramos recém-casados e tínhamos compromissos familiares, além dos outros anseios e aspirações da vida.

No fim das contas, a realidade era que tais ideias não eram a nossa prioridade. Poderiam ser tocadas no tempo livre, ainda que este fosse escasso.

Agora, pensa aí, quanto tempo você levaria para construir algo dedicando apenas algumas horas por semana à tarefa?

Certamente muito mais do que o seu concorrente que está dedicando 12 horas por dia à construção do sonho dele.

Para você ter uma ideia, achei na nuvem uma foto do nosso flipchart que foi tirada em 08/03/2014. Nesse dia, já havíamos listado o Cerveja na Caixa como uma das ideias que queríamos explorar. Adivinha quando lançamos nossa primeira caixa?

Naquela época, eu ainda tinha emprego, e lembro de ter discutido essa ideia lá na França, tomando uma cerveja com o meu amigo expatriado.

Fomos a um bar depois do expediente. Eu estava fazendo um treinamento na matriz, no mesmo lugar onde ele trabalhava.

Enquanto degustava a cerveja francesa, eu me perguntava se a mesma ideia de clube não poderia ser aplicada por lá. Eu estava me dando conta de que havia muitas cervejas diferentes no mundo para descobrir e degustar... e que podiam ser enviadas para os clientes mensalmente em uma caixa de degustação.

Eu ainda não tinha ideia do trabalho envolvido na operação de um clube de assinatura de cerveja, mas, por algum motivo, não enxergava nenhum impedimento.

Eu também não tinha ainda a visão de todos os obstáculos. Àquela altura, já estava empolgado com a ideia de criar um clube de assinatura de cerveja.

Poderia dar certo, pois se as entregas fossem mensais, previsíveis, eu poderia me planejar e despachar as caixas pela transportadora em um ou dois dias do mês.

Essa empolgação, misturada com minha ingenuidade, até me fazia esquecer que eu não era um especialista em cerveja. Consigo elencar minha experiência com cervejas especiais retornando a alguns momentos distintos no passado, mas nada que me desse as credenciais de especialista.

Visitei a Holanda pela primeira vez entre o fim de 2010 e o começo de 2011. Pude experimentar muitas cervejas diferentes naquele país e quando viajei para a Bélgica e a Inglaterra. Também havia tido uma experiência muito boa na Alemanha em 2013, jantando com minha esposa em um restaurante em Nuremberg que produzia a própria cerveja. Eu ainda não conhecia o termo brewpub.

Havia um menu com muitos estilos de cerveja, e eu queria experimentar todos. Estava fascinado com o fato de estar bebendo uma cerveja que só era produzida e vendida naquele local.

Pedi uma régua de degustação e pude perceber a diferença de uma cerveja para a outra em termos de aparência, paladar e características sensoriais. Era algo novo para mim, pois eu nunca havia experimentado cinco ou seis cervejas diferentes uma atrás da outra.

Mas meu primeiro contato com cervejas especiais ocorrera alguns anos antes dessas experiências na Europa. Talvez essa palavra, experiência, tenha realmente feito diferença em cada uma das ocasiões.

Por volta de 2010 ou 2011, não lembro ao certo, eu estava alocado em um projeto de implantação de SAP na mineradora Vale, no Centro do Rio de Janeiro. Marquei de ir a um bar com dois amigos de infância que trabalhavam nas redondezas após o expediente.

O Filipe já consumia cervejas artesanais frequentemente e sugeriu que eu e o PH fôssemos encontrá-lo no Galeto do Príncipe, ali embaixo do Edifício Garagem Menezes Cortes. Confesso que aceitei a sugestão de cara, porque queria comer enquanto tomava um típico chope da Brahma.

O restaurante tinha uma carta imensa de cervejas importadas e artesanais. Eram muitas opções, com preços mais altos do que eu estava acostumado a pagar. Logo, passei a basear minha decisão no volume de álcool que viria na cerveja. "Ué, para ser mais cara, tem que ter mais álcool, não?" Haha, era assim que eu pensava.

Pedimos sugestões ao garçom e fizemos nossas escolhas. A cerveja que pedimos com teor alcóolico nas alturas foi uma enorme decepção. Não lembro o estilo nem o nome, mas tinha cerca de 13% ABV, e certamente foi a culpada de toda a ziquizira que tive naquela noite.

Mas outra cerveja, a Amnésia, chamou nossa atenção. Também tinha o teor alcoólico elevado, mas nem tanto. O amargor era presente, e o aroma, impressionante. Naquela época, eu não sabia a diferença entre os diversos estilos de cerveja.

"Uma das melhores cervejas que já bebi", nós três dissemos. Comecei a olhar o rótulo, ler as letrinhas pequenas e, surpresa: "Ih, essa cerveja é brasileira!".

Era uma Imperial IPA, fabricada por uma cervejaria chamada Mistura Clássica, lá de Volta Redonda.

Em 2009, eu estava em um treinamento em São Paulo pela EY, e fomos a um pub chamado Dublin. Naquela noite, experimentei pela primeira vez as cervejas Erdinger e Paulaner, clássicas representantes do estilo alemão *Hefeweizen*, em uma daquelas taças de meio litro.

Lembro de ter gostado muito das cervejas de trigo e ter ficado repetindo isso a noite inteira. Mas eu ainda bebia cerveja pensando em quantidade, em vez de qualidade.

Tirando essas experiências, meu outro contato relevante com a cerveja foi através da família.

Meus pais sempre gostaram de beber cerveja nos churrascos de domingo. Quando criança, eu colecionava as latinhas que meu pai costumava trazer de suas viagens para fora do país. Lembro que cheguei a vender algumas para outros colecionadores, que talvez tenha sido minha primeira experiência como empreendedor. Já minha avó Bela, católica fervorosa, viveu quase um século trabalhando duro na roça e sem deixar de tomar seu "líquido sagrado".

Bom, espero que tenha ficado claro que eu não era um especialista em cerveja quando decidi que iria viver dela.

4. A ZONA DE CONFORTO É CONFORTÁVEL

Quando fui demitido, tive uma sensação de liberdade muito grande. Era como se um piano tivesse sido removido das minhas costas.

Eu poderia recomeçar. Poderia buscar um emprego novo.

Poderia me mudar para a Holanda, algo que eu planejara fazer dois anos antes, quando tinha pedido demissão da EY.

Eu confesso que estava mal acostumado.

Nunca havia passado por grandes dificuldades na vida profissional.

Comecei a fazer dinheiro desde muito cedo.

Não precisava ter um emprego que pagasse um salário mínimo, pois aos 20 anos eu já conseguia ganhar muito bem prestando serviços de TI a pequenas empresas e vendendo computadores.

Tinha um contrato excelente com um escritório de advocacia com filiais no Rio e em Cabo Frio, que garantia uma renda fixa mensal em troca dos meus serviços de consultoria.

Nesse período, participei de um programa da Microsoft chamado Microsoft Student Partner, em que eu atuava como uma espécie de embaixador da empresa no meio acadêmico.

Ajudei a Microsoft em iniciativas como a competição Imagine Cup, participei da fase de testes do Windows Longhorn (Vista) e do lançamento do Windows 7 em São Paulo. Fui palestrante em eventos oficiais, falando de tecnologias como Active Directory no Windows Server 2003.

Eu tinha acesso a cópias originais de todos os softwares da empresa, ganhava treinamentos, livros etc.

Minha primeira viagem de avião e estadia em hotel de muitas estrelas foi bancada por eles. Ainda lembro da palhaçada que fizemos de pedir para trocar nossos travesseiros comuns por travesseiros com plumas de ganso.

A Microsoft pagava tudo para aquela turma de estudantes chamados MSP's. Não recebíamos salário, trabalhávamos voluntariamente, mas podíamos consumir o que quiséssemos durante as estadias naqueles hotéis luxuosos.

Como já disse, fui mal acostumado desde cedo, o que me fez achar tudo muito normal quando comecei a viajar pela EY e pela Michelin.

Obviamente, as viagens eram a trabalho, mas eu tentava aproveitá-las ao máximo.

Em uma delas, fui para o Mato Grosso do Sul, trabalhando para a Monsanto em um projeto de auditoria de produção de soja. Era um daqueles projetos que poucos queriam encarar, mas eu havia deixado claro para meus superiores que, se precisassem, poderiam contar comigo. Acabei conhecendo a pessoa que viria a se tornar a minha esposa e mãe dos meus filhos enquanto descansava em Bonito.

Ninguém pode dizer que eu não soube aproveitar meu tempo nessas empresas.

Muito menos que não fui agradecido. Eu era mal acostumado, mas nunca fui mal agradecido. Ao menos não intencionalmente. Sou extremamente grato por tudo o que investiram em mim.

Bom, estou contando essas histórias desconexas para tentar explicar que, por várias vezes, escolhi abandonar minha zona de conforto.

Em diversos estágios da vida, tive algo que julgava ser importante nas mãos e que achava que eu não podia perder.

Mas a vida sempre exigiu que eu fizesse escolhas. E toda escolha exige um sacrifício.

Ou vai, ou racha.

PARECE QUE MANDAR TUDO PARA A PUTA QUE PARIU É UM ATO DE LOUCURA. MAS NÃO É, É UMA EXIGÊNCIA DA VIDA.

É o ato de sacrificar aquilo que se ama para ter a chance de experimentar um amor muito mais intenso, manifestado de outra forma.

TALVEZ, "APA PUTA QUE PARIU" SEJA UM REQUISITO PARA SE ALCANÇAR A FELICIDADE.

Quando fui aprovado no processo seletivo extremamente concorrido da EY, aceitei uma proposta para ganhar três vezes menos do que eu conseguia ganhar trabalhando por conta própria.

Tive que mandar minha zona de conforto para a puta que pariu. Dei dois passos para trás buscando pegar impulso para dar muitos passos à frente nos anos seguintes.

E foi exatamente o que aconteceu. Eu nunca havia tido uma experiência de desafios e aprendizado tão intensa como naquela empresa.

Mas também era arriscado. E se eu não conseguisse dar conta das novas atribuições? E se eu não fosse bom o suficiente? Eu também tinha medo.

Eu não odiava a minha vida como empregado.

Não odiava o fato de trabalhar como CLT.

Como eu já disse, ser CLT era muito, muito, muito confortável.

Eu amava crescer na minha profissão. O status das minhas posições de trabalho naquelas organizações matriciais mantinha minha autoestima lá em cima.

Talvez por isso, anos mais tarde, quando comecei a me sentir infeliz no que aparentemente era o meu emprego dos sonhos, eu não conseguisse dar o passo adiante e pedir demissão.

Se fizesse isso, eu não estaria sendo resiliente o bastante. E permanecer onde eu estava era muito confortável financeiramente.

Veja bem, eu não demonstrava infelicidade no dia a dia na empresa.

Eu me preocupava muito em fazer um trabalho excepcional, apesar de nem sempre conseguir realmente. Mas o apreço pela qualidade que eu havia aprendido na EY não me permitia entregar um trabalho meia-boca, e isso se refletia nos meus projetos.

Eu me dedicava a resolver os problemas, focava em soluções e me relacionava muito bem com as pessoas em todos os departamentos, em qualquer escala da hierarquia.

No longo prazo, eu sabia que iria me desenvolver cada vez mais e achava que a felicidade viria com o tempo.

Mas a felicidade jamais vem com o tempo.

A felicidade vem com nosso esforço, é reflexo de nossas atitudes.

Eu havia esquecido, ou não tinha percebido ainda, que todos os ápices de felicidade que eu vivera até aquele momento eram consequências das vezes que escolhi sair da zona de conforto ou, simplesmente, mandar algo para a puta que pariu.

5. DOIS DEGRAUS ABAIXO

Muitas pessoas me perguntavam o que eu estava fazendo para sobreviver. Eu não tinha emprego. Minha empresa ainda não dava dinheiro. Minha esposa, coitada, trabalhava pela internet.

Em uma ocasião, um amigo ficou impressionado porque iríamos viajar novamente para fora do país dentro de um curto espaço de tempo.

— Caralho, Christian! Vai viajar de novo? Como você consegue?

Eu fiquei sem jeito de responder, talvez já tivesse explicado como anteriormente.

Aqui, preciso mencionar o que fiz e como fiz para tentar realizar um sonho enquanto não possuía emprego.

Sem deixar de viver.

Sem deixar de viajar.

Levando uma vida normal.

Normal, porém quase minimalista.

Então, como eu consegui dar início à minha saga de empreendedor?

Eu planejei.

Não o suficiente, mas planejei.

Eu vinha planejando ao longo dos anos.

E veja bem, eu vinha planejando não para empreender, mas para realizar outro sonho.

A decisão de buscar meu grito de liberdade havia sido tomada anos antes de eu considerar investir tempo e dinheiro em qualquer ideia de negócio.

De fato, quando tomei essa decisão, eu não considerava voltar a empreender a curto ou médio prazo.

Eu queria crescer na carreira, mais nada.

Crescer profissionalmente e academicamente. Obter promoções no trabalho, títulos acadêmicos.

E, assim como muitos, eu tinha o anseio pessoal e familiar de comprar o meu apartamento e pagar rápido por ele.

A PRIMEIRA DECISÃO

Eram meados de 2012. Eu tinha pedido demissão da EY porque queria passar um tempo na Holanda.

Naquela época, eu não tinha medo de ficar desempregado. Por conta da experiência que já havia adquirido, meu telefone tocava frequentemente com ofertas de *headhunters* à procura de candidatos para vagas em grandes empresas.

Cumprindo o aviso prévio, recebo uma ligação do RH de uma empresa, até então confidencial, me convidando para participar de um processo seletivo para uma vaga que se encaixava bastante no meu perfil.

Fiquei extremamente animado ao ouvir a descrição do trabalho, e aceitei o convite.

Resumindo a história, fiz as entrevistas, e três dias antes da data da nossa viagem, recebi uma ligação confirmando minha contratação.

Ao informar o RH da empresa de que eu tinha uma viagem marcada para a Holanda, meu futuro chefe me disse para viajar em paz e voltar zerado para começar a trabalhar com ele.

Talvez por esse tratamento inicial que recebi, acreditei desde o começo que eu estava partindo para o meu próximo emprego dos sonhos.

E o salário, era bom?

Nominalmente, era quase três vezes o que eu ganhava antes. Considerando os benefícios, que na empresa anterior eram muito acima da média do mercado, passei a ganhar pelo menos o dobro de antes.

Até abril de 2012, eu ganhava x e pagava aluguel, financiamento de carro popular 0 km, impostos, seguros, supermercado, gasolina, viagens, lazer e todas as outras despesas que um casal recém-casado possui.

Viajo de férias para a Holanda e, no mês seguinte, começo a trabalhar ganhando algo entre duas e três vezes a receita do mês anterior.

Eu havia entregado o nosso apartamento antes de ir para a Holanda.

Afinal, a ideia era passar mais do que apenas um mês por lá. Como eu não tinha mais uma carreira, achava que podia aproveitar aquela oportunidade para, ao menos, melhorar meu inglês morando por alguns meses em outro país. E, claro, eu poderia eventualmente achar um emprego na minha área, o que também seria ótimo.

Assim, ao retornar da Holanda, tivemos que buscar um apartamento novamente.

Passamos uns dois meses procurando. Enquanto procurávamos, moramos provisoriamente na casa de um amigo, pagando um aluguel simbólico.

Naquela época, o Rio de Janeiro ainda vivia o boom dos imóveis, e achar algo bom, com preço acessível e que se pudesse alugar sem fiador era uma missão quase impossível.

As opções de que a gente gostava e que aceitavam depósitos geralmente eram as mais caras.

Nós podíamos pagar. Claro que queríamos pagar menos, mas, de fato, podíamos bancar um padrão de vida um pouco mais elevado com o novo salário.

Podíamos finalmente morar perto do trabalho.

Saíamos para visitar apartamentos nas áreas consideradas nobres da cidade.

Visitamos até um pequeno apartamento em frente à praia, na Barra da Tijuca.

Bom, eu começava a me sentir como um profissional bem sucedido. Mesmo com um longo caminho a percorrer, sentia que estava indo na direção certa.

Estava aprendendo uma terceira língua, frequentava aulas de francês duas vezes por semana após o expediente. Ao mesmo tempo, eu me aperfeiçoava profissionalmente tanto devido aos projetos em que trabalhava quanto aos treinamentos de que participava.

Achava que o futuro seria sempre melhor do que o presente e, portanto, não tinha muito que temer.

Por me sentir bem sucedido, eu também queria desfrutar da tal vida das pessoas de sucesso.

Eu poderia morar na Barra e só ter que atravessar a rua para chegar no trabalho. Poderia morar perto da praia, em um apartamento maior no Recreio dos Bandeirantes. Poderia morar em algum bairro bacana da Zona Sul e aprender a lidar com os congestionamentos constantes.

Eu poderia ter um carro melhor, um apartamento maior, usar roupas de grife compradas em outlet nos Estados Unidos, frequentar os restaurantes caros a que eu estava acostumado.

Entretanto, no fundo, eu também questionava se queria mesmo me tornar escravo daquele estilo de vida.

Eu não queria.

Sempre quis liberdade.

Então, decidi não bancar a vida de profissional bem sucedido.

Eu não queria estar, dali a alguns meses, com o salário novamente no gargalo, devido ao aumento das despesas.

Encontrei apoio e inspiração na esposa, que também não fazia questão de ostentar uma vida com mais luxo.

Decidimos manter o mesmo padrão de quando tínhamos menos da metade da nossa renda mensal. Passamos a viver uns dois degraus abaixo do padrão que poderíamos ter e, assim, demos o primeiro passo em direção ao grito de liberdade: criamos uma reserva financeira.

A EPOPÉIA DO SONHO DA CASA PRÓPRIA

Talvez tenha sido durante a busca de um lugar para morar que a nossa vontade, ou pelo menos a minha, de comprar um apartamento aumentou vertiginosamente.

Eu preciso mencionar essa questão, pois minha escolha de empreender e, ao mesmo tempo, obter um financiamento imobiliário limitou minha capacidade de investimento.

A impossibilidade de, por exemplo, conseguir um ou dois fiadores, dependendo da imobiliária, para alugar um apartamento de que havíamos gostado e que podíamos pagar me deixava muito frustrado.

Passamos, então, a buscar opções em outros lugares.

Pensamos que talvez fosse mais fácil encontrar algo nos bairros adjacentes aos que gostaríamos de morar.

Acabamos alugando um apartamento na Estrada dos Bandeirantes, em Jacarepaguá, do mesmo tamanho, porém mais barato do que o anterior.

Também era bem mais distante de onde nossos amigos moravam.

Bom, nem tudo é perfeito, muito menos fácil.

O plano era usar nossas economias, somadas ao máximo que pudéssemos guardar dos nossos salários nos anos seguintes, para comprar um apartamento a curto ou médio prazo.

E, se não fosse possível comprar nosso imóvel, ao menos poderíamos fazer outros tipos de investimentos.

O novo aluguel representava apenas 12% do nosso orçamento familiar mensal.

Confesso que gostaria de ter gasto um pouco mais e morado em um apartamento melhor.

Mas não sei responder se, assim, teria conseguido acumular o capital que me ajudou a mandar tudo para a puta que pariu anos depois.

Não que eu tenha poupado muito dinheiro. Guardei o suficiente para ficar uns dois anos e meio sem trabalhar, morando no mesmo local e mantendo o mesmo padrão de vida.

Naquela época, nossos sonhos eram outros.

E, sendo assalariado, economizar era a forma mais viável de obter o capital necessário para realizar nossos sonhos.

Tínhamos que pensar menos em gastar.

Tínhamos que pensar mais em poupar.

Tínhamos que pensar mais em investir.

Nossas despesas mensais deviam ser muito menores que nossos salários.

E foi o que fizemos.

No dia em que minha demissão foi anunciada, eu não senti medo. Senti alívio.

O PODER DAS MILHAS

Nos meses seguintes, eliminei ao máximo as despesas recorrentes. Além de cortar supérfluos, como os pacotes de TV a cabo, mirei nas despesas que, de fato, eram grandes ralos de dinheiro.

Vendi meu carro e eliminei gastos mensais com depreciação, seguro, parcelamento de impostos, manutenção em rede autorizada, combustível, multas, estacionamento, limpeza...

Passei a alugar um carro apenas nos dias em que realmente precisava.

Pelas minhas contas, ter um carro custava o equivalente a R$ 75,00 por dia. Isso considerando o consumo de combustível apenas para ir ao trabalho e à praia no fim de semana.

Em outras palavras, mesmo se eu não saísse muito ou mantivesse o carro quase sempre parado na garagem, ainda assim teria cerca de R$ 2.250,00 de despesas mensais apenas com os custos de propriedade.

Pesquisando, descobri que podia ter desconto nas diárias de aluguéis se utilizasse os pontos de um programa de milhagem de uma rede de postos de gasolina. Passei a pagar uma tarifa entre R$ 60,00 e R$ 80,00 por dia, incluindo o seguro.

Mais tarde, a chegada do Uber no Brasil ajudou a reduzir ainda mais minhas despesas com locomoção. Agora, eu já não tinha que pagar pelas horas em que precisava dormir e não utilizava o carro alugado.

Com o aplicativo, passei a pagar apenas pelos minutos em que eu efetivamente precisava de um veículo para me transportar do ponto A ao ponto B.

Lembra do amigo que mencionei no capítulo anterior, que perguntou como eu conseguia viajar tanto, mesmo estando sem emprego (e, naquela época, ainda sem negócio algum)?

Pois é, eu já havia explicado a ele que viajava com milhas.

De fato, acho que ele, e a maioria das pessoas que eu conhecia fora do ambiente corporativo, não fazia a mínima ideia da utilidade dos programas de milhagem das operadoras aéreas.

Claro, depois que mostrei na prática como eles funcionavam, ele passou a entender direitinho.

Tanto que, em 2020, conseguiu emitir seu primeiro par de bilhetes aéreos de ida e volta para a Holanda utilizando apenas milhas.

E era assim que eu conseguia viajar para muitos lugares.

Eu concentrava meus gastos em um cartão de crédito com uma boa conversão de dólares gastos em milhas.

Obviamente, pagava minhas faturas em sua totalidade e rigorosamente em dia.

Concentrava as transferências de pontos em um único programa de milhagem e transferia os pontos do cartão somente nas épocas do ano em que as operadoras costumavam oferecer mais bônus nessas transações.

As operadoras também ofereciam descontos na compra de passagens com milhas em épocas mais atípicas do ano, e às vezes surgiam oportunidades interessantes.

Eu acompanhava tudo através das *newsletters* dos programas de que fazia parte, e transferia pontos ou comprava passagens somente nas épocas boas.

Assim, ganhava mais bônus ao transferir meus pontos do cartão para o programa de milhagem e gastava menos pontos na hora de emitir as passagens.

Dessa forma, consegui emitir passagens para a Holanda três vezes apenas com meus pontos. Viajamos para a Argentina e o Uruguai e fomos para São Paulo, Minas Gerais e Curitiba pagando apenas as taxas de embarque.

Eu acumulo pontos como hábito e utilizo esse mecanismo para planejar e adquirir minhas viagens aos poucos, a médio prazo.

6. EMPRETEC

Pretendíamos lançar o clube em novembro de 2014. Não tínhamos definido uma data, mas já fazia algum tempo que nos reuníamos e falávamos algo do tipo: *Dá para lançar no mês que vem.*

Nessa mesma época, eu estava começando um curso que queria ter feito há muito tempo.

Meu primo Isaac, funcionário do Sebrae, vivia falando que eu deveria fazer o Empretec. Mas, para isso, era necessário ter o dia inteiro disponível durante uma semana, e até então eu não havia tido tempo.

Naquele momento, a situação era outra. Pela primeira vez em muitos anos, eu não tinha emprego, comércio nem qualquer obrigação com clientes. Enfim, eu tinha tempo!

Entrei em contato com ele, perguntando se não poderia arranjar um desconto. Em pouco tempo, ele retornou dizendo ter conseguido o equivalente a uns 20%.

Pronto, agora não havia mais desculpa para continuar adiando aquela imersão.

O Empretec é um treinamento intenso, ideal para quem é empreendedor ou quer começar a empreender.

Em uma experiência de quase imersão no mundo do empreendedorismo, os participantes são desafiados a criar um negócio e gerar receita em apenas uma semana.

Você pode criar qualquer tipo de empresa, mas esse negócio fictício precisa gerar dinheiro de verdade, vender, faturar, dar lucro!

O treinamento vai muito além da criação de um plano de negócio, e não necessariamente ensina a fazer isso.

O foco desse treinamento é comportamental.

E é intenso. Vi pessoas desabando de chorar em alguns momentos.

Saí do curso com uma vontade enorme de conquistar o mundo!

Lembro que um dos instrutores comentou sobre alguns casos de sócios que passaram a ter conflitos após só um deles ter participado do Empretec.

O ideal seria que todos os sócios participassem, não necessariamente ao mesmo tempo, mas que estivessem todos na mesma página.

Porque o treinamento mostra de forma clara como o comportamento dos empreendedores influencia o seu sucesso.

Saí do treinamento diferente. Mais do que nunca, queria colocar minhas ideias em prática.

Eu precisava avisar meus amigos que não podia mais esperar por eles.

De fato, estávamos avançando de pouco em pouco.

Eu achava que tínhamos que ser mais rápidos, por questões de *timing* do negócio e também por necessidades pessoais.

Os meses iam passando, e eu me questionava se não estava perdendo meu tempo.

As dúvidas em relação a largar a carreira pairavam no ar.

Novembro chegou, e não lançamos o clube. Veio dezembro, e nada. Sempre havia outra prioridade.

Novamente, eu me via na situação do sacrifício. Precisava ser claro e direto com meus amigos em relação à continuidade do que estávamos tentando fazer.

Eu não estava mais confortável.

Decidi marcar uma reunião com meus atualmente ex-sócios, mas ainda grandes amigos.

Nessa época, já tínhamos aberto espaço para um quarto cofundador, um amigo em comum que havia gostado das nossas ideias e estava disposto a ajudar a materializá-las.

Foi justamente o Diogo quem veio com a ideia de batermos um papo com a prima blogueira de um conhecido dele. Era uma garota que tinha um blog sobre cervejas especiais, ainda com poucos seguidores, mas que poderia nos ajudar de alguma forma.

O blog se chamava Maria Cevada, e a partir daquele contato inicial estabelecemos uma parceria para que ela avaliasse nossas cervejas do mês.

Um erro crucial nesse período foi não termos utilizado um modelo claro de divisão do bolo entre os cofundadores, do tipo *slicing pie*, principalmente quando trouxemos mais pessoas para o time.

Não tínhamos conversado claramente sobre como seria a divisão societária da empresa. Partíramos do princípio de que a divisão seria igualitária, mas a realidade era que cada um colaborava de forma diferente.

O *slicing pie* estabelece uma forma justa de dividir a participação societária em uma *startup*. Ao criar um mecanismo para mensurar e converter o esforço de trabalho ou investimento de capital em percentual da empresa, os cofundadores conseguem enxergar com clareza como a colaboração de cada um se reflete na sua participação no negócio.

Talvez não estivéssemos prontos para essa conversa porque não acreditássemos que alguma coisa realmente sairia daquelas reuniões.

Talvez essa seja uma perspectiva um pouco nebulosa sobre aquele período da minha vida e sobre meus sócios/amigos.

A questão é que eu não tinha emprego, logo, não tinha renda. Não estava na zona de conforto, por mais que tivesse grana para viver sem salário por mais dois anos.

A intenção não era queimar dinheiro. Afinal, a finalidade original daquela reserva era a compra de um apartamento.

Meus amigos/sócios estavam empregados. Muito bem empregados, assim como eu estivera, todos enfrentando desafios em suas carreiras, subindo de cargo e até trocando de empresa.

Eu sentia que minha vida estava ancorada, aguardando que meus sócios encontrassem mais tempo para dedicar às nossas ideias.

Eu nunca havia exigido dedicação exclusiva ao nosso projeto. Sabia que todos tinham seus compromissos profissionais e familiares, e que o tempo para nossas ideias era o tempo que sobrava.

Se eu já conhecesse um método de divisão de empresas como o *slicing pie*, teria certamente evitado a maior parte dos conflitos e frustrações que me motivaram a "demitir" dois dos meus sócios no mês anterior ao lançamento da nossa primeira caixa.

Era janeiro de 2015.

Estávamos no mesmo ponto que em novembro de 2014.

Não tínhamos avançado significativamente em direção ao lançamento do nosso produto.

Não havíamos passado esse tempo planejando melhor a estratégia do nosso negócio.

Não estávamos planejando nossa estratégia de lançamento ou melhorando nossa estratégia de vendas.

Não estou dizendo que não tínhamos feito nada.

Já tínhamos nos reunido muitas vezes para discutir e elaborar o plano de negócio.

Já tínhamos investido muito tempo, seja correndo atrás de fornecedores, visitando cervejarias, analisando concorrentes ou traçando cenários de *break even* em uma planilha de Excel.

Eu tinha feito até um circuito de visitas a microcervejarias no sul do país nos meses anteriores.

Mas também havíamos passado os últimos meses remarcando compromissos, fazendo poucas reuniões e postergando o início das vendas de assinaturas do clube sempre para o mês seguinte.

Eu vinha trabalhando naquelas ideias há pelo menos uns oito meses. E todo esse tempo sem receber salário.

Minha esposa também não tinha emprego fixo na época, apesar de estar começando a ganhar dinheiro trabalhando remotamente justo naquele período.

Mas tudo era incerto demais.

Eu não podia permanecer naquela situação por mais tempo e acabei tendo que tomar a decisão de "demitir" os meus sócios.

Embora não quisesse fazer isso, eu sabia que precisava remover os obstáculos que me impediam de seguir adiante. Eu queria testar logo nosso protótipo com os primeiros clientes.

E meus sócios haviam se tornado obstáculos. Eu achava que podíamos testar o que tínhamos, mesmo que imperfeito. Eles buscavam a perfeição, pois era assim que tinham aprendido a fazer as coisas nos projetos do passado.

A verdade é que estávamos em fases diferentes da vida.

Nossa situação era a mesma quando começamos, mas a partir do momento em que minha vida mudou drasticamente, tive que fazer o que achava necessário para poder avançar, por uma questão de sobrevivência

Marcamos um chope em um bar de cervejas artesanais no Leblon.

Naquela noite, o Diogo e o Trindade deixaram o time.

Daquele ponto em diante, seríamos apenas o Leo e eu.

Por sorte, eles também entenderam minhas motivações e concordaram que era a decisão certa para aquele momento. Afinal, realmente não tinham como deixar seus empregos para empreender comigo, e não havia expectativa alguma de que a situação fosse mudar a curto prazo.

Eu havia me preparado para a próxima etapa da minha vida, que não era necessariamente a mesma que meus amigos/sócios buscavam para a vida deles.

7. TRABALHO FREELANCE

Uma das coisas que nos permitiu empreender foi o trabalho remoto. Prestando serviços remotamente para empresas em outros países, podíamos gerar renda em dólar e pagar nossas contas pessoais enquanto tentávamos criar nosso negócio. E eu digo nós, porque eu e minha esposa estávamos no mesmo barco.

Naquela época, idos de 2014, a cotação do dólar nem era tão atrativa como é atualmente, em 2020.

Ainda assim, em pouco tempo, permitiu que obtivéssemos uma renda estável próxima à que eu tinha como funcionário.

A primeira vez que ouvi falar sobre trabalho remoto foi em uma matéria da extinta revista Info Exame, em meados dos anos 2000, na qual um analista de banco de dados da Petrobrás falava sobre como era trabalhar de casa.

Aquela ideia parecia um sonho.

Anos mais tarde, pude experimentar alguns dias de *home office* nas empresas por onde passei. Mas essa experiência ainda era bem diferente do que eu viria a conhecer em uma viagem a Nova York em 2013.

Uma coisa é ter um vínculo como funcionário CLT e trabalhar de casa em um ou dois dias da semana, cumprindo sua jornada de trabalho em horário comercial.

Outra coisa é trabalhar somente em casa, sem ter vínculo com nenhuma empresa.

Há vantagens e desvantagens aí.

A vantagem é que você pode criar seu horário de trabalho, organizar a semana para trabalhar para seus clientes e separar um tempo para tocar seus projetos.

A desvantagem é que a renda do trabalho freelance nem sempre é contínua. Não há garantias, como nos contratos de trabalho tradicionais.

E achar trabalho freelance é trabalhoso.

Isso quer dizer que sim, você vai precisar investir tempo para prospectar trabalho, criar e enviar propostas, fazer entrevistas e ser rejeitado em boa parte das tentativas de "pegar um *job*".

Bom, o que eu disse acima até pode ser verdade, mas não são regras.

Minha demissão ocorreu poucos meses antes da minha esposa fechar seu primeiro contrato fixo com uma empresa de *e-commerce* nos Estados Unidos.

Ela havia passado anos tentando achar algum emprego no Rio de Janeiro que se encaixasse no perfil dela. Mas, por algum motivo, mesmo falando quatro línguas, tinha dificuldade em ser contratada.

A possibilidade de trabalhar remotamente para uma empresa no exterior caiu como uma luva.

Não apenas pela possibilidade da renda mensal em dólar, mas também pelo fato de que, finalmente, sua experiência de trabalho e suas qualificações seriam valorizadas.

COMO ELA ACHOU O TRABALHO REMOTO?

Como eu disse, viajei para Nova York em 2013. Tinha ido sozinho, emendando uma semana de férias após duas semanas a trabalho em Greenville, na sede da Michelin americana.

Confesso que sempre tentei aproveitar ao máximo as oportunidades que me eram dadas. Ouvia muito isso na EY, que tínhamos que "surfar a onda toda".

Isto é, devíamos utilizar todos os benefícios à nossa disposição. Se, por exemplo, a empresa oferecesse um curso de inglês, tínhamos que encontrar tempo e melhorar nosso domínio da língua.

Se houvesse uma oportunidade de trabalhar em um projeto em outro estado, por que não usar o tempo livre para conhecer um pouco o lugar e a cultura local?

Pois bem, quando tive a chance de ir aos Estados Unidos, logo pensei que podia aproveitar para melhorar o meu nível de conversação em inglês.

Podia fazer um curso de uma semana em alguma escola americana. No entanto, como já tinha a meta de aumentar minhas reservas financeiras e possuía apenas o visto para turismo e negócios, acabei deixando a ideia de lado. Então, procurando o que fazer em Nova York, acabei encontrando uma série de eventos de empreendedorismo que ocorriam diariamente.

Que cidade! A maioria das pessoas pensa que as grandes empresas digitais americanas estão somente no Vale do Silício, mas a verdade é que estão espalhadas por todo o país.

Passei uma semana indo a eventos diversos, assistindo a palestras sobre temas como desenvolvimento de software, estudos de casos de marketing, estratégias para *e-commerce* e *pitching* para *startups*.

Foi justamente em um evento de *pitching* na sede da Microsoft em Nova York que acabei conhecendo uma ferramenta que viria a revolucionar a minha vida e, principalmente, a da minha esposa.

Ironicamente, não conheci tal ferramenta durante o evento, mas sim ao aceitar o convite de alguns participantes para tomar um chope.

Fomos a um pub nas redondezas e ficamos trocando ideia sobre os projetos de cada um.

Um cara estava desenvolvendo um sistema de apostas baseado em resultados de partidas de futebol. Outro camarada estava trabalhando em um *marketplace* de professores de idiomas. Outro projeto era um simples fórum de internet focado em um nicho específico, que já nem lembro mais. Entretanto, esse cara estava traduzindo seu fórum para diversas línguas. Imediatamente, perguntei se ele tinha interesse em traduzir para o português ou o holandês, porque minha esposa poderia pegar o trabalho como freelancer. A resposta dele foi seca:

— Não. Eu não preciso.

— Então como você traduz? Usa apenas o Google Translator, sem revisar o texto?

— Contrato tradutores para qualquer língua na oDesk.

oDesk? O que será que ele quer dizer com isso?

O bate papo continuou, e ele foi contando como era barato contratar ótimos desenvolvedores na Índia e ter uma equipe trabalhando de forma 100% remota.

Eu fiquei interessado, porque aquilo poderia ser a solução para um monte de problemas.

Eu não tinha certeza se havia entendido o nome da plataforma corretamente e pedi para o cara anotar em um papel. Lembro até hoje de retornar da viagem e entregar o guardanapo de bar com ODESK escrito em garranchos para minha esposa.

Ela também não sabia que aquele tipo de ferramenta existia, mas gostou da ideia.

Inicialmente, pensamos que trabalhar remotamente se resumiria a arranjar trabalhos de tradução, afinal, o conhecimento de vários idiomas era uma das principais habilidades dela que poderia ser monetizada imediatamente. Bastava achar alguém com uma demanda de tradução nas línguas que ela dominava. E aí, uma plataforma como a oDesk, que conecta quem precisa contratar com quem pode prestar o serviço, poderia ser uma excelente fonte de renda.

A Debbie criou um perfil na plataforma e começou a explorar os anúncios de trabalhos publicados por lá.

O primeiro cliente foi justamente um empresário do Caribe que precisava traduzir seus artigos para o holandês.

Alguns meses depois, ela também conseguiu um trabalho com uma demanda razoável de horas diárias, prestando suporte aos clientes de uma loja virtual de cabelos artificiais no Reino Unido.

Um belo dia, ela encontra um anúncio de um trabalho com demanda de 40 horas semanais, 100% remoto, também atuando como agente de suporte para uma empresa de produtos eletrônicos nos Estados Unidos.

Os requisitos se encaixavam no perfil dela, e mandar uma proposta levou apenas alguns cliques.

Resumindo a história, a Debbie foi contratada e começou uma carreira inesperada na área de *e-commerce* de produtos para bebês da Motorola.

Naquela época, a cotação do dólar ainda estava na casa dos R$ 3,00, e poucos meses após a minha demissão, ela já estava ganhando o salário que eu tinha quando era empregado.

Ao mesmo tempo, vez ou outra surgia projetos curtos para eu executar. Quando isso ocorria, nossos rendimentos somados iam lá pra cima. E projetos curtos eram exatamente o que queria, pois me permitia empreender paralelamente.

A descoberta da oDesk havia sanado um problema de longa data.

Literalmente, um chope possibilitou que minha esposa arranjasse um emprego e que eu começasse a testar minhas ideias de negócio.

Afinal, a oDesk servia tanto para buscar trabalho como para contratar profissionais freelancers.

E eu digo servia, porque a oDesk evoluiu tanto que acabou se fundindo com um de seus concorrentes, dando origem à Upwork.

Enfim, foi utilizando essa plataforma que consegui contratar profissionais para executar as tarefas que nós mesmos não conseguíamos fazer.

Por exemplo, precisávamos criar um folder explicativo para acompanhar nossas caixas do mês. A ideia era que nesse material, na verdade uma folha A4 dividida em um livreto de quatro páginas, o assinante pudesse conhecer mais sobre a cerveja que iria degustar.

Precisávamos fazer isso de forma intuitiva e em um formato que nós mesmos pudéssemos atualizar posteriormente.

Publiquei um anúncio na oDesk explicando o que eu precisava.

Logo comecei a receber propostas dos freelancers.

Havia todo tipo de proposta, de US$ 5,00 a US$ 250,00.

A de US$ 5,00 era boa demais para ser verdade, e eu não tinha como acreditar que receberia um trabalho final decente. Por outro lado, a de US$ 250,00 também não era a melhor. O portfólio do designer mais caro também não havia me chamado atenção. Eu tinha gostado muito da proposta de uma designer argentina, na faixa dos US$ 100,00, mas queria gastar menos. Recebi muitas propostas interessantes e mais baratas de designers com boas avaliações e portfólios com um ou outro trabalho interessante.

Decidi fazer um teste com um cara do Sri Lanka que havia cobrado míseros US$ 15,00. Bom, sabe aquelas ideias que você sabe que não têm como dar certo, mas teima e tenta assim mesmo? Paguei para ver. Eu precisava experimentar.

Aceitei a proposta e dei sinal verde para ele começar a trabalhar. Ao final, eu receberia os arquivos fontes como entregáveis do projeto.

No dia seguinte, recebo a primeira amostra do que o designer havia preparado.

O folder tinha ficado horrível. Passei os ajustes, complementei o *briefing* e aguardei mais um dia. Recebo a segunda versão, uma bosta esteticamente, mas com uma diagramação interessante.

O DESIGNER DIZIA " *YES, SIR* " PARA TUDO. NÃO CONFIE NESSE TIPO DE PROFISSIONAL.

Quando você publica um anúncio buscando um freelancer no que agora é a Upwork, recebe propostas de muitos profissionais, e a plataforma permite que você contrate mais de um prestador de serviço para um mesmo trabalho. Ao contratar alguém, você pode optar por não retirar o anúncio do ar e continuar a receber propostas de outros freelancers.

Eu tinha feito um *shortlist* na própria ferramenta, sinalizando a outros candidatos que poderia contratá-los a qualquer momento.

Entrei em contato com um cara na Espanha que havia mencionado em sua carta de motivação que também gostava de cerveja artesanal.

Vi seu portfólio e achei que ele tinha um trabalho bem bacana. Havia cobrado US$ 30,00 para fazer o design do folder como eu queria.

Quando recebo a primeira amostra do que ele estava criando para mim, vejo que a diagramação do designer anterior estava realmente melhor.

No fim da história, nosso primeiro folder para a caixa do mês do Cerveja na Caixa acabou sendo uma fusão do trabalho dos dois designers contratados.

8. CAPITAL DE GIRO E CAPITAL INICIAL

Mais tarde, já com a empresa aberta, o trabalho remoto também foi útil enquanto o negócio não gerava resultado suficiente para termos um salário.
Não houve milagre.

Para dedicar 100% do tempo ao negócio, ainda que com baixo investimento inicial, era necessário um fluxo de receita de outra fonte. Do contrário, eu não teria como pagar as minhas próprias contas.

Mas e as minhas economias? Por que não usei aquela reserva para me manter nesse período e poder focar na empresa? Afinal de contas, acabei perdendo tempo trabalhando para outras pessoas, ao invés de me concentrar no meu próprio negócio, correto?

Bom, de fato, o capital próprio foi fundamental para dar início ao negócio, mas nossa renda pessoal e nossas economias estavam direcionadas para outras despesas além da empresa que tentávamos construir.

Você deve se perguntar também por que não investi logo tudo o que eu tinha na minha ideia, já que eu acreditava no potencial do negócio.

Bom, a primeira questão é que, do meu ponto de vista, eu estava apenas testando uma ideia. O investimento maciço, com capital próprio ou de terceiros, viria depois, com a validação da ideia.

A segunda é que eu estava em transição. Tinha passado os últimos anos trabalhando como funcionário CLT, recebendo salário e benefícios todo mês. Tinha me virado para guardar dinheiro e estava tentando ser cauteloso.

Além do mais, eu havia decidido voltar a empreender com a ideia de que era possível iniciar a construção de algo grande mesmo com pouco dinheiro.

Alguns dos problemas não eram causados pelo baixo acesso a capital. Alguns, sim, mas outros, não. Mais dinheiro em caixa facilitaria, sem sombra de dúvida, principalmente no que dizia respeito à formação de uma equipe. Contratar custava caro, mas não ter contratado pessoas que poderiam nos ajudar também custou caro no fim das contas.

Eu tinha entrado na onda e queria fazer as coisas acontecerem de qualquer forma, com ou sem dinheiro, com ou sem ajuda.

Via as minhas árduas economias como um recurso de emergência, escasso e muito limitado.

E eu precisava fazer aquele recurso durar, pois sabia que seria necessário para manter as minhas contas pessoais positivas, já que eu não teria um emprego ou pró-labore. Afinal, eu ainda precisava pagar aluguel, alimentar minha família, pagar os boletos de prestações de terrenos, apartamento e as contas da casa que continuariam chegando.

E foi nesse momento que cometemos um dos nossos grandes erros.

Como a ideia era que estávamos apenas fazendo um teste que não custaria muito para executar, nós nos preocupamos apenas em dividir as despesas iniciais entre os sócios fundadores.

Começamos a operar sem realizar um aporte financeiro inicial na conta da empresa. Não materializamos o nosso capital inicial. *Estávamos apenas testando.*

Isso foi o início dos imensos problemas que tivemos quando a necessidade de alto capital de giro passou a existir no negócio.

Quando um negócio não é 100% escalável, as despesas aumentam junto com a base de clientes. Crescer significava desembolsar bastante capital *upfront*, e não estávamos preparados para isso.

Apesar de muitas vezes eu ter negociado a compra de determinada cerveja diretamente com o produtor na microcervejaria, o nosso processo de compras funcionava da maneira tradicional do mercado. Eu entrava em contato com os fornecedores, que eram as cervejarias que eu tinha visitado ou que tinham nos interessado por algum motivo. Solicitava as tabelas de preços e negociava as condições de pagamento e transporte.

Preferíamos adquirir cervejas que havíamos experimentado, mas nem sempre era possível.

Às vezes, comprávamos também de distribuidores locais, o que diminuía nossas margens consideravelmente. No entanto, tais distribuidores tinham um portfólio interessante para compormos a seleção de cervejas do mês com algum rótulo específico.

Houve situações em que, por exemplo, a falta de determinado rótulo de uma cervejaria nos obrigou a substituí-lo às pressas na caixa do mês. Nesse momento, a figura do distribuidor local facilitou a solução do problema.

Esse era um risco do negócio que tentávamos evitar ao máximo: anunciar determinada cerveja na caixa do mês e não poder entregá-la ao cliente, nosso fiel assinante, por qualquer motivo. Como muitas microcervejarias e cervejeiros ciganos não possuíam uma produção consistente, era normal que determinado rótulo eventualmente ficasse indisponível.

Enfim, vender mais significava que teríamos que ter mais capital de giro para adquirir, transportar e armazenar mais estoque. Como as cervejas das nossas caixas precisavam ser selecionadas com antecedência, tínhamos que pagar por elas antes de entregá-las aos assinantes. Isto é, para evitar o problema da indisponibilidade do rótulo anunciado, o caminho mais seguro era anunciar somente aquilo que já estava dentro do estoque. No nosso ciclo de faturamento, o dinheiro investido levaria por volta de 60 dias para retornar ao caixa.

Para variar, não tínhamos previsto esse fator crítico no plano de negócio. Aliás, até previmos, de certa forma, nas planilhas em que fazíamos os racionais de cálculo. Pela falta de experiência e conhecimento, aquilo não nos pareceu crucial.

Essa informação podia ser encontrada na previsão de faturamento, por exemplo, onde estimamos o montante de vendas crescente ao longo dos meses. Vendas crescem, custos crescem, a necessidade de capital de giro aumenta. Demos pouca atenção às células que informavam o capital necessário para fazer as coisas acontecerem. Não ter materializado o capital inicial previsto em capital real depositado na conta da empresa foi um tiro no pé.

Imaginamos que os aportes poderiam ser feitos à medida que o negócio demandasse mais capital. Em outras palavras, os números ficaram apenas nas planilhas. No Excel, tudo costuma dar certo.

Eu me atrevo a dizer que esse erro primário comprometeu todo o sucesso posterior da empresa.

Por estarmos fazendo um negócio entre amigos, evitamos as conversas em que deveríamos nos comprometer a realizar o aporte de capital inicial até uma data acordada, como condição para dar continuidade ao negócio e à nossa sociedade.

Fazer negócios com amigos pode se tornar algo complexo, sensível, caso as partes sejam inexperientes nessa coisa de constituir sociedade.

Tento capturar lições aprendidas no passado. Olhando para trás, penso que, certamente, aquele comprometimento que eu procurava em meus sócios poderia ter sido maior caso tivéssemos feito as coisas da maneira correta.

A falta de clareza sobre os termos que definiam nossa sociedade nos levou a cometer muitos erros em áreas diversas do projeto.

Bom, se você quiser aprender mais sobre como dividir um negócio corretamente entre sócios cofundadores, recomendo a leitura do livro *Slicing Pie,* do Mike Moyer. De forma simples, o livro mostra como você pode iniciar um negócio mesmo sem dinheiro, ao explicar como calcular e dividir o *equity* da sua empresa com as pessoas certas.

Eu não conhecia esse material na época em que criei o Cerveja na Caixa com meus amigos. Uma pena, pois ele teria me ajudado a lidar com várias questões delicadas. No livro, é possível encontrar um referencial justo para a divisão de uma *startup* em partes proporcionais ao que cada cofundador contribui.

Não é um manual com procedimentos contábeis para formalizar o capital social de uma empresa.

No método *slicing pie*, cada forma de contribuição possui um valor e um peso pré-estabelecido. Basicamente, ele permite calcular o valor das contribuições de cada indivíduo ao projeto e determinar o quanto esse esforço vale em participação no negócio.

Em uma sociedade, há sócios que podem entrar somente com capital de investimento, outros somente com o trabalho físico ou intelectual, enquanto outros podem entrar com ambos.

Não há problema algum em formar uma sociedade com amigos sem dinheiro para investir, desde que eles estejam dispostos a pôr a mão na massa. Tampouco há problema em formar uma sociedade com quem não tem tempo para trabalhar no negócio, desde que esta pessoa esteja disposta a investir capital.

Seja qual for a configuração da sociedade que você quiser formar, é importante estabelecer claramente os termos de trabalho e os papéis e responsabilidades de cada um, além de definir as condições de investimento apropriadas entre os futuros sócios.

Não postergue essa discussão, como eu e meus amigos fizemos.

9. CERVEJA NA CAIXA

Lembra da história do beef jerky? Eu estava fascinado com o modo simples como Noah Kagan havia criado um negócio do zero, faturando US$ 1000,00 de um dia para o outro.

É claro que a estrutura e a logística necessárias para armazenar e transportar cervejas é bem mais complexa do que para snacks de carne seca. Mas o fato de ele ter conseguido convencer as pessoas a repetir uma compra todo mês e debitar o valor automaticamente no cartão de crédito tinha realmente me impressionado.

Em uma palestra da Microsoft no início dos anos 2000, eu tinha ouvido falar que o modelo de negócio baseado em assinaturas seria adotado pelas grandes empresas de tecnologia no futuro. No entanto, levou anos para que a própria Microsoft iniciasse e migrasse quase totalmente a cobrança de licenças de software para esse modelo.

O que eu não tinha percebido era que qualquer empresa de qualquer tamanho podia utilizá-lo. Não era algo restrito a megacorporações.

Até a padaria da esquina da sua casa poderia usufruir desse modelo, por exemplo, entregando pães fresquinhos na sua porta entre as 6 e as 7 da manhã, todo dia ou nos dias que você escolhesse. A cobrança pelo serviço seria feita mensalmente na sua fatura de cartão de crédito, e você não precisaria acordar mais cedo para comprar seu pão fresco para o café da manhã antes de ir trabalhar. Já a padaria teria clientes garantidos, anteciparia a demanda de produção conforme sua base de assinantes e produziria pães que já estariam vendidos antes mesmo de sair do forno.

Para um negócio na área de produção, esse tipo de modelo permite que seja aplicado o conceito de produção sob demanda, ou melhor, a estratégia de gestão de estoque chamada *just in time*. Esse sistema de gestão da produção determina que tudo deve ser produzido, transportado ou comprado na hora exata. Pode ser aplicado em qualquer empresa e possibilita reduzir estoques e os custos decorrentes.

Isto é, a empresa produzirá exatamente o necessário para atender a demanda existente. Produzir um percentual acima ou abaixo dela passa a ser uma escolha, e não uma necessidade inesperada.

Esse conceito tem papel-chave para um pequeno negócio que busque basear seus métodos de produção em boas práticas de *lean manufacturing*. A natureza do modelo é por si só enxuta.

Então, o experimento do clube de assinatura de *beef jerky* tinha me mostrado que eu também podia buscar previsibilidade e recorrência nos negócios que viesse a criar.

Abro um parêntese aqui para mencionar que há uma diferença brutal, até mesmo impeditiva, entre transportar cerveja e operar um clube de assinatura de *snacks* facilmente transportáveis por qualquer operador logístico. Isso vale para o exemplo da padaria descrito acima, que também possui seus fatores impeditivos. No caso da cerveja, o risco de quebras durante transporte e de alteração de sabor e perda de qualidade quando, por exemplo, exposta ao sol ou calor excessivo, aumenta drasticamente o custo e a complexidade da operação logística do negócio.

Portanto, esse é um fator crucial a considerar quando você estiver avaliando que tipo de negócio começar.

Durante a saga de criar um clube de assinatura, eu colocava esses fatores como possíveis obstáculos. Mas achava que conseguiria superá-los, afinal, eu não seria a primeira empresa do país a enviar cerveja por transportadoras ou pelos Correios. Outros já faziam isso, e se eles conseguiam, por que eu não conseguiria?

Bom, responderei a essa pergunta mais adiante.

Havíamos criado uma *landing page* no endereço <u>https://cervejanacaixa.com.br</u>, onde tentávamos capturar *leads*. Basicamente, a página explicava como o clube funcionava, mostrava os planos, preços e cervejas do mês. Havia um botão para assinar e um campo para capturar e-mails de pessoas interessadas.

A primeira versão do site, na verdade, nem sequer possuía o botão de assinatura, apenas o campo convidando o visitante a deixar seu e-mail, caso estivesse interessado em saber quando seria o lançamento da primeira caixa.

Hoje, com o conhecimento que adquiri batalhando no marketing dos meus negócios, lendo livros, ouvindo podcasts e acompanhando grandes marqueteiros, vejo claramente que falhamos ao não colocar em prática uma estratégia de lançamento bem estruturada.

Talvez a venda de assinaturas tivesse explodido logo no início se tivéssemos utilizado, por exemplo, as estratégias de lançamento descritas por Jeff Walker em seu livro A fórmula do lançamento. Infelizmente, eu não conhecia o livro na época, e tampouco os exemplos de sucesso com o uso das estratégias por muitos criadores de conteúdo digital em nichos diversificados.

Mesmo sem ter conhecimento profundo sobre estratégias de marketing, tínhamos conseguido aplicar algumas das ideias descritas no livro do Walker em nosso negócio, como, por exemplo, a criação de listas de e-mail.

Sabíamos que uma lista de pessoas interessadas em comprar nosso produto poderia se transformar facilmente em uma lista de clientes, ou melhor, em uma base de assinantes que seriam nossos clientes fiéis, recorrentes, durante anos.

Quando um interessado deixava seu e-mail em nosso protótipo de site de clube de assinatura de cerveja, a informação era enviada diretamente para uma lista segmentada dentro do Mailchimp.

Ao deixar o e-mail, o *lead* também informava sua preferência de plano e o endereço de entrega. Havia um campo para adicionar sugestões, e recebíamos feedback dos nossos clientes potenciais por ali.

Resumidamente, o Mailchimp é um serviço de envio de mensagens a listas de e-mails que possui funcionalidades poderosíssimas para captação de *leads*, criação e envio de *newsletters*, automação de marketing e gestão analítica detalhada do desempenho das campanhas realizadas.

Através dessa ferramenta, mantínhamos uma comunicação frequente com nossa base de interessados e, posteriormente, passamos a utilizá-la para vender as primeiras assinaturas.

Já o botão de assinatura levava o visitante a uma página de cadastro, com um formulário que disponibilizava as informações dos assinantes diretamente para nosso sistema de gestão de assinaturas.

Com esse sistema, desenvolvido por uma *startup* de Campinas chamada Superlogica, fazíamos toda a gestão de recorrência e cobrança dos assinantes.

Entendíamos que a boa gestão das assinaturas e do relacionamento com o cliente seria crucial para o sucesso do negócio. Identificar e monitorar nossos principais KPIs (indicadores de desempenho), como custo de aquisição de clientes, taxa de retenção e crescimento ou *churn* da base de assinantes eram recursos que a plataforma nos possibilitava, e que julgávamos primordiais para a operação do negócio.

Estávamos preocupados em operacionalizar o negócio sistemicamente e de forma escalável desde o início. Entendíamos muito sobre as questões técnicas, mas olhávamos pouco para o marketing.

Segundo a fórmula do Jeff Walker, estávamos quase no caminho certo, porém, sem uma estratégia que contemplasse todas as etapas do lançamento de um produto, começando com o pré-pré-lançamento, passando pelo pré-lançamento e o lançamento, até as etapas posteriores.

Também não tínhamos certeza de que aquele era um caminho bom a seguir. Aparentemente sim, de acordo com os exemplos que havíamos observado enquanto pesquisávamos o mercado. Era um caminho que nós mesmos tínhamos criado e queríamos testar. Se não desse certo, tentaríamos outro.

O problema de tentar fazer as coisas sem ter conhecimento adquirido por experiência própria, ou ignorando as metodologias e boas práticas documentadas por outros especialistas, é que certamente vamos gastar mais energia desbravando coisas que, do contrário, poderiam ser desbravadas mais rapidamente e com taxa de sucesso maior. Na época do início do clube, não tínhamos nem experiência nem um conhecimento teórico de marketing adequado, apesar de nossos esforços para pesquisar e buscar informações como autodidatas.

Você já ouviu falar na regra 80/20 de Paretto? Parece clichê citar Paretto nesse livro, mas a regra faz todo o sentido no mundo do empreendedorismo.

Quando nos falta conhecimento estratégico sobre o que estamos desenvolvendo, acabamos focando demais em coisas que trazem pouco resultado. E, por ignorância, investimos pouco em atividades que poderiam trazer grandes resultados para os nossos negócios.

Sabíamos que o marketing era importante, mas não sabíamos o quanto.

Achávamos que nossa lista de e-mail era importante, mas não tínhamos noção de que era um ativo que poderia representar 80% de nossas vendas se aplicássemos os conceitos explorados por tantos marqueteiros, como o próprio Jeff Walker e o brasileiro Érico Rocha.

Segundo o conceito básico de Paretto, deveríamos focar nossas energias nos 20% das atividades que trariam 80% dos resultados, mas a verdade é que não sabíamos que atividades seriam essas.

Nossa proposta era entregar uma experiência única de degustação de cervejas locais a assinantes em todo o país. Na prática, nosso negócio era vender assinaturas de caixas curadas de cervejas artesanais brasileiras, e fazer a logística entre as pequenas cervejarias locais e a porta do assinante. Visávamos solucionar o problema logístico que dificultava que os pequenos produtores vendessem suas cervejas nas grandes capitais. Simultaneamente, possibilitávamos que o consumidor da capital tivesse acesso a cervejas produzidas artesanalmente por pequenos produtores de cidadezinhas do interior.

Já tínhamos pré-identificado nosso público-alvo, criado a *persona*, e podíamos alcançá-lo através das funcionalidades de segmentação das plataformas de anúncios do Google AdWords e Facebook Ads.

Basicamente, nossas únicas despesas (ou investimentos) com marketing ocorriam através dessas plataformas. Entendíamos que, através delas, seria possível mensurar e otimizar o desempenho das nossas campanhas, à medida que aprendêssemos mais sobre nossos clientes.

Eu estava no caminho, mas não há dúvida de que a manutenção da lista de e-mails, em termos de crescimento, engajamento e conversão, era o processo do negócio que deveria receber 80% da minha atenção. Assim, enquanto eu focava na lista, meus sócios resolveriam os outros problemas.

Mas trabalhávamos pouco para verdadeiramente aumentar a lista e a base de assinantes.

Nosso tempo era muito limitado, lembra? Eu já estava fora do mercado de trabalho formal quando o clube foi lançado, mas creio que só conseguimos lançá-lo justamente por eu ter passado a dedicar 100% do meu tempo a colocar as ideias em prática.

De qualquer forma, estávamos concentrando nossas energias em alimentar um plano de negócio com dados reais de mercado. O plano incluía a análise de diversos cenários financeiros, de *break even* e da concorrência, mas, ainda assim, muitas previsões eram baseadas em dados hipotéticos.

Eu também precisava pesquisar as cervejas que comporiam as primeiras caixas do mês, buscar produtores, cotar preços, calcular fretes, entender a questão dos impostos diferenciados devido à substituição tributária e uma série de outras burocracias...

As atividades operacionais também precisavam ser executadas, e priorizávamos entre nós o que cada um deveria fazer.

E as caixas? Onde seriam fabricadas? Quanto custariam? Quem poderia visitar as fábricas para inspecionar a qualidade das caixas que gastaríamos uma grana encomendando?

E a marca e o logotipo do site? Devíamos contratar agências de design, publicidade e marketing, ou podíamos nós mesmos tentar criar tudo? Quanto gastaríamos desenvolvendo um logo? Como funcionava o registro de marcas?

E o site? Qual plataforma utilizar? Desenvolveríamos em cima de uma plataforma nativa de *e-commerce*, como Magento ou Prestashop, ou utilizaríamos um CMS *(content management system)*, como Wordpress?

E a segurança do site, como seria? Bastaria ter um certificado *SSL* ou precisaríamos também de um serviço de *firewall*? Precisávamos de distribuição de conteúdo via rede CDN? Onde e em que tipo de servidor o site seria hospedado? Será que tínhamos que contratar um plano de hospedagem dedicado ou poderíamos utilizar um servidor compartilhado? Deveríamos ter esses custos no início?

E o *gateway* de pagamento? Quem processaria as informações de crédito de nossos clientes?

E a recorrência? Como implementar de forma segura algo que mantivesse os dados de cartão de crédito dos nossos clientes e os cobraria todo mês? Em caso de fraudes de internet, quem se responsabilizaria?

E a conta bancária? Qual banco utilizar? Quais as vantagens de cada um? Qual o custo mensal com as atividades frequentes do negócio, como emissão de boleto?

E o CNPJ? Que tipo de empresa devíamos abrir? E o contador, quem contratar? Podíamos usar o endereço de casa ou era necessário alugar um ponto comercial, mesmo o negócio sendo virtual?

Como o faturamento previsto no início era baixo, podíamos operar nos primeiros meses do piloto sob uma inscrição de empreendedor individual e dispensar o contador?

De fato, começamos com um CNPJ MEI, mas tínhamos que emitir cada nota manualmente, devido à restrição à emissão de notas fiscais eletrônicas por esse tipo de CNPJ no estado do Rio de Janeiro. Era um trabalho insano e desnecessário, graças a uma limitação burocrática que só existia no Rio.

Posteriormente, com a criação da loja virtual, passamos a operar como sociedade limitada, e nossas notas passaram a ser eletrônicas.

E o software de gestão? Tínhamos que adquirir um ERP? Será que precisávamos de um CRM para gerir o processo de relacionamento com os clientes?

Precisávamos organizar a base de clientes, gerir cobranças e contas a receber e a pagar, emitir notas fiscais, gerenciar o estoque e gerar informações contábeis, todas as atividades típicas de qualquer empresa que venda algum produto.

Utilizamos um mini ERP na nuvem chamado Bling, que nos permitiu implantar processos de finanças de forma rápida e barata através de uma assinatura mensal. Posteriormente, através de sua API, consegui conectar a loja virtual feita no Prestashop diretamente ao sistema, o que me permitia automatizar alguns processos.

Mas, naquela fase de construção da empresa, de "dar início às coisas", na tradução mais literal possível do termo *startup*, como poderíamos executar todas essas atividades com nossas restrições de tempo e dedicação ao projeto?

Era tanta coisa para fazer, e o que estávamos criando era ainda apenas um protótipo!

O plano de negócios havia ajudado a prever os custos iniciais com a estrutura necessária para operar a empresa. Nos primeiros slides e planilhas do Excel, éramos uma empresa extremamente enxuta.

O nosso BP (de *business plan*, como o Trindade costumava falar) tinha nos ajudado a definir a proposta de valor e os fluxos de entrada de receita do negócio, bem como as áreas-chave e a atribuição das atividades de cada cofundador.

Mas era o desenvolvimento de um produto que atendesse às necessidades de nossos potenciais clientes que traria os assinantes que queríamos. E era nossa estratégia de marketing que teria impacto positivo na quantidade de dinheiro que poderíamos trazer para a conta da empresa.

Estávamos inundados de atividades operacionais, e nenhum de nós havia vestido o chapéu de marqueteiro e dedicado tempo suficiente a criar uma estratégia de marketing matadora para o nosso negócio.

De fato, era eu quem tinha a veia de vendas mais ativa do grupo de cofundadores, e assumi a liderança ao arregaçar as mangas e tentar vender assinaturas antes mesmo do clube estar pronto. Logo, acabei me tornando o cara de vendas, mas não exatamente o cara do marketing.

Uma ironia da minha vida é que hoje me considero um entusiasta do marketing, amo aprender sobre marketing, amo trabalhar com marketing, mas havia recusado uma oferta para trabalhar nessa área na Michelin antes de ser mandado embora. Talvez a pessoa que me ofereceu essa oportunidade já tivesse identificado essas características em mim, anos luz à minha frente. Ou talvez só quisesse me salvar do que estava por vir, a demissão algumas semanas depois. De qualquer forma, eu estava em outra sintonia, acomodado demais na zona de conforto, e não queria mudar de atividade. Afinal, eu não tinha formação em marketing e nem mesmo a consciência de que gostava do assunto e poderia me desenvolver na área. Descartei a possibilidade sem titubear.

Enfim, águas passadas.

No Empretec, aprendi que as pessoas do meu círculo de amizade provavelmente seriam meus primeiros clientes. Então, não tive vergonha ou receio de vender nossa ideia a amigos, ex-colegas de trabalho e até parentes. Cada um de nós, cofundadores, listou em uma planilha os contatos de conhecidos que poderiam se interessar pelo clube, e com essa estratégia acabamos vendendo nossas primeiras assinaturas.

Tínhamos uma meta de ligações a fazer e assinantes a conquistar, mas nosso esforço nessa área não era muito consistente.

Eu estava longe do mundo das vendas e negócios já há bastante tempo. Como já mencionei, antes de ser demitido e decidir empreender, eu estava totalmente dedicado a ser um excelente funcionário, e minhas atribuições não contemplavam as atividades de um departamento de marketing.

Agora, veja bem, eu disse que não possuíamos uma estratégia matadora de marketing, o que é muito diferente de criar um slide chamado Planejamento de Marketing, descrevendo as atividades básicas que já sabíamos que teríamos que realizar para levar o produto ao mercado. Nosso planejamento de marketing havia sido feito apenas para cumprir o checklist de atividades para iniciar um negócio, conforme muitos livros por aí recomendam fazer.

Para lançar um negócio offline ou um produto digital de sucesso, aprendi que é preciso ter muito mais do que uma ideia bacana.

É preciso muito mais do que um plano de negócios e um plano de marketing padrão como aprendemos no MBA.

Se o seu planejamento estratégico for baseado apenas em dados hipotéticos, pode não ser muito útil. Você precisa revisá-lo à medida que descobre os dados reais do mercado. Daí, surge o questionamento sobre quando se deve investir tempo e quanto esforço alocar no desenvolvimento dessas atividades.

Na minha experiência, as coisas ficaram mais claras depois que passei a ver o processo de criação de um produto ou negócio como um ciclo contínuo de desenvolvimento, onde as hipóteses sobre o produto e sua aceitação pelo cliente são testadas, adaptadas e validadas frequentemente com o cliente real. Em suma, só compreendi como as coisas funcionavam quando passei a vê-las funcionando no dia a dia.

Nesse ciclo, o produto e o modelo de negócio sofrem adaptações o tempo todo.

Ao testar, muitas vezes identificamos que determinada funcionalidade ou característica que achávamos importante no plano de negócio simplesmente não possui valor para o cliente, e deve ser descartada.

E quando descartamos algo que identificamos não possuir valor, descartamos também o esforço que foi feito para o seu desenvolvimento.

Agora vejo que estar munido de uma estratégia estruturada de marketing escalável e passível de automação talvez seja bem melhor do que ter um plano de negócio rebuscado, se o objetivo for aumentar as chances de vencer no próximo empreendimento de baixo investimento.

Ao lançar um produto seguindo fielmente uma estratégia estruturada, somos capazes de alcançar resultados consistentes, mensurá-los e aprimorá-los.

E é preciso ter em mente que tudo faz parte de um ciclo contínuo, onde você sempre poderá falhar, aprender, adaptar, testar, validar e repetir esses passos.

O quanto antes você falhar, melhor, mas tenha noção de que você está dentro do ciclo, onde a falha é insumo para o sucesso em um estágio lá na frente.

Você faz parte do processo, portanto não pode se deixar desanimar pelas falhas iniciais, como eu mesmo fiz muitas vezes durante essa epopeia.

Certa vez, lembro de ter lido em um livro sobre investimento na bolsa de valores que o quanto antes você aceitar uma perda, menor será seu prejuízo.

No mundo da prototipagem de ideias, essa lógica se aplica perfeitamente. Quanto antes você falhar, menor será o impacto da falha e, consequentemente, menos dinheiro vai perder. Você também terá mais tempo para corrigir a falha e adaptar seu protótipo, assim não terá que lidar com erros bobos quando seu produto alcançar um público maior.

Com a ideia de que iríamos testar uma ideia, começamos oficialmente a entregar as caixas aos nossos assinantes em fevereiro de 2015.

Levamos quase um ano para tirar a ideia do papel e, após essa jornada, eu já não sabia mais se queria voltar atrás, caso os resultados do teste não fossem satisfatórios.

A partir do momento em que, timidamente, lançamos o Cerveja na Caixa, eu não acreditava mais que pudesse dar errado, porque eu iria fazer o sucesso acontecer.

10. DO APARTAMENTO PARA O PONTO COMERCIAL

Como os principais valores que o clube se propunha a entregar aos assinantes eram, no fim das contas, sintetizados nas frágeis garrafas de vidro que tínhamos que armazenar e distribuir, acabamos enfrentando sérios problemas para lidar com o crescimento do negócio.

Ignoramos o fato de que o negócio virtual de assinatura de caixa de cerveja artesanal brasileira não era 100% digital.

Não gerávamos um produto em PDF ou qualquer outro formato de ativo digital como único *output* para nossos clientes. Em outras palavras, não estávamos vendendo um curso virtual ou um e-book, por exemplo. A entrega de conhecimento através das avaliações mensais que fazíamos sobre cada cerveja até era feita de forma digital, com as *newsletters*, além do folder impresso que acompanhava a caixa. Porém, precisávamos entregar um produto físico ao cliente.

E quando você vende um produto físico, precisa lidar com variáveis relacionadas à gestão de estoque e logística.

Como disse antes, começamos o clube dentro do meu apartamento de 65 m², no terceiro andar de um prédio sem elevador.

Você precisava ter visto a cara de susto da minha esposa quando viu o volume das caixas dentro do caminhão que fez a entrega no nosso endereço.

Eu também fiquei assustado. As caixas estavam desmontadas, e ainda assim era um mundaréu.

Tínhamos encomendado cerca de mil e duzentas, o pedido mínimo para fabricá-las segundo nossas especificações de segurança para o transporte, além da personalização com nossa marca. Vale mencionar que aquele modelo de caixa não foi o melhor que poderíamos ter encomendado. Como eu buscava uma boa relação entre custo e benefício, tinha me recusado a pagar mais do que o dobro do valor unitário pela caixa perfeita. E hoje, se eu fosse criar novamente um *e-commerce* de produtos frágeis, faria de tudo para que nossas margens pudessem absorver o custo de uma caixa à prova de estradas brasileiras e entregadores descuidados.

Passamos meses dormindo com caixas na sala, no corredor, no quarto-escritório e até ao lado da nossa cama.

O Leo também tinha levado algumas centenas de caixas para a casa dos pais dele.

À medida que o clube ia crescendo, a necessidade de um espaço adequado para trabalhar também crescia.

Primariamente, precisávamos de espaço para armazenar as caixas e as garrafas, montar os kits e preparar os pedidos para coleta da transportadora. No plano de negócio, prevíramos o custo do aluguel de um espaço no futuro, não exatamente no início do piloto. A ideia era testar a partir de casa mesmo. Além disso, não queríamos nos comprometer com um contrato de aluguel quando não sabíamos se a ideia realmente daria certo.

Na minha visão, tínhamos que primeiro identificar e mensurar a demanda através das vendas de assinaturas, e somente depois passar para uma estrutura maior para armazenamento e logística.

Um dos nossos objetivos era que essas atividades fossem assumidas integralmente pelo operador logístico. Quanta ingenuidade a nossa.

Bom, a verdade é que, naquele momento da vida do CNC, isso não era possível através das empresas que havíamos contatado no Rio de Janeiro. Posteriormente, com a ascensão do mercado de cervejas artesanais, começaram a aparecer empresas que prestavam esse tipo de serviço.

Eu também queria um espaço para trabalhar, criar uma rotina, desenvolver o negócio e começar a contratar pessoas para formar um time.

Compartilhei a ideia com o Leo, e começamos a buscar um local.

Como mencionei, naquela época ainda não existiam as opções de armazenagem e logística terceirizada para cerveja na cidade do Rio de Janeiro como existem hoje. Vou contar mais adiante sobre esse tipo de operação e sobre como a Cervejaria Aqueles Caras conseguiu lidar com a logística de uma forma inúmeras vezes mais eficiente do que o Cerveja na Caixa.

Bom, como não tínhamos conseguido terceirizar a armazenagem nem a logística, tivemos que achar uma solução temporária para o problema. Temporária porque, como havíamos desenhado no plano de negócio, queríamos preferencialmente que nossa distribuição ocorresse através de transportadoras, e não de uma estrutura própria.

Achamos um local com bastante espaço e aluguel bem barato em um bairro chamado Jacarezinho. Fui conferir e, infelizmente, fiquei muito receoso ao andar nas redondezas de onde nosso estoque ficaria armazenado. Eu simplesmente não conseguiria ter vontade de sair da minha casa para ir trabalhar se alugássemos um ponto comercial naquele local.

Então, começamos a buscar lojas, pois poderíamos usar o local não apenas como estoque, mas também como ponto de venda.

Achamos um local na Tijuca com custo mensal dentro do nosso orçamento, em uma vizinhança com muitos clientes em potencial.

Olhando para trás, talvez aquele tenha sido um dos melhores pontos que encontramos. Havia espaço para o estoque e para montar uma loja ou showroom. Mas demoramos a nos decidir, e a loja foi alugada por outra pessoa.

Continuamos buscando outras lojas, mas as boas opções tinham aluguéis elevados, que aumentariam muito o nosso risco.

Comecei a buscar imóveis na região onde eu morava. Havia um shopping próximo à minha casa que, mesmo naquela época de crise, ainda mantinha um bom fluxo de pessoas e não tinha sequer uma loja vazia.

Achei alguns anúncios na internet de salas comerciais para alugar lá e pensei que poderia ser uma solução.

Eu poderia finalmente tirar as caixas do meu apartamento.

E, claro, poderia começar a me dedicar a um negócio sério e promissor, como acreditávamos que era.

Bom, alugamos uma sala comercial no shopping Map Band e começamos a operar. De fato, o espaço funcionava mais como um escritório, apesar de o utilizarmos também para montar os kits do mês e receber as transportadoras para coletar ou entregar encomendas.

Quando alugamos a sala, o clube já estava operando com algumas dezenas de assinantes. Paralelamente, eu estava desenvolvendo a loja virtual do CNC, utilizando uma ferramenta chamada Prestashop. Aquilo estava me consumindo um tempo absurdo, mas a loja estava ficando com uma aparência fantástica e possuía usabilidade melhor do que a de nossos concorrentes.

Um dos nossos objetivos era ser a maior loja virtual de cervejas artesanais brasileiras da internet, e, por isso, acreditávamos erroneamente que deveríamos ter o maior catálogo de cervejas brasileiras em estoque.

Precisávamos buscar volume de vendas para resolver um dos problemas do custo de logística, e tínhamos a falsa ideia de que os clientes viriam por causa da nossa enorme variedade de marcas e estilos de cervejas.

O ponto comercial serviria para dar suporte a essa transformação do negócio. Deixaríamos de ser apenas um site em formato de *landing page* com um botão de assinatura, e passaríamos a ser uma loja virtual, onde o cliente poderia comprar outros produtos além de apenas assinar o clube.

Eu achava que, sem uma loja virtual com outros produtos à disposição dos assinantes, estávamos perdendo a oportunidade de realizar vendas adicionais (*upsell*) à nossa lista já convertida.

Naquele espaço de 30 m², deixamos de ser um protótipo rodando atrás de um CNPJ de Microempreendedor Individual para nos tornarmos uma sociedade limitada, uma *startup* que poderia crescer bastante, mesmo que não fosse um negócio 100% escalável.

Em outras palavras, éramos um pequeno negócio com potencial enorme de realização de transações de venda via internet.

11. VENDAS NÃO SÃO PASSIVAS

Erramos feio ao achar que as vendas dos planos de assinatura viriam apenas, ou principalmente, de forma passiva.

Tínhamos imaginado que, por estarmos criando um negócio virtual, o Google ou qualquer outro buscador da internet nos traria clientes novos todos os dias.

Bastava investir no SEO da página e criar perfis nas redes sociais para nos comunicarmos com o público, e logo os assinantes chegariam até nós.

Você já deve ter ouvido histórias similares em que essa estratégia deu certo. E sim, ela é verdadeira e pode funcionar.

O problema é a variável tempo. Quanto tempo levará até que seu negócio consiga atrair tráfego orgânico e converter o suficiente para bancar as despesas e gerar lucro?

Se o seu negócio for 100% digital, talvez você consiga sustentá-lo durante esse período de maturação, pois os custos fixos provavelmente serão baixos. Do contrário, a conta é mais complicada de fechar.

De fato, a maioria dos nossos assinantes vieram de forma orgânica. Se eu fosse começar um negócio novo hoje, com toda certeza investiria na presença online, a *"buscabilidade"*, ou melhor, a *"encontrabilidade"* na internet.

Na época, o problema foi termos concentrado uns 90% dos nossos esforços apenas no universo virtual, focando somente em tráfego orgânico.

Sei que agora todos os gurus de marketing ganham dinheiro justamente ensinando como obter tráfego orgânico, e você realmente deve aprender a fazer isso.

Mas essa não é a única estratégia de crescimento que você precisa ter.

Com a ideia de que nossos clientes viriam majoritariamente pela internet, através do Google e das redes sociais, acabamos adotando uma atitude muito passiva nos primeiros meses de operação do clube.

Era o famoso marketing da esperança em operação.

Tínhamos um produto legal, com excelente feedback dos primeiros usuários, mas estávamos literalmente esperando que os novos assinantes chegassem aos montes.

Deveríamos ter ido mais atrás deles, com campanhas de marketing patrocinadas e bem segmentadas. Deveríamos ter explorado mais os anúncios patrocinados.

Focamos muito em uma maneira de vender, quando poderíamos ter uma estratégia de marketing e vendas mais orquestrada, que contemplasse não apenas ações de *inbound* e *outbound*, mas que possibilitasse a automação e a escalabilidade dessas ações.

Paralelamente, nunca investimos nas formas tradicionais de vender ou atrair clientes para um produto como, por exemplo:

- anúncios na mídia impressa
- anúncios em outros sites onde estavam nossos avatares ou *personas*
- ações promocionais com pessoas reais em eventos locais

Apesar de ser difícil mensurar o ROI desse tipo de mídia, poderíamos ter testado muitas outras possibilidades, mas não testamos.

Ao mesmo tempo em que tivemos a boa sacada de pegar o telefone e ligar para uma lista de clientes em potencial, falhamos em estabelecer um processo onde essa atividade seria executava recorrentemente.

Falhamos até mesmo em designar um dono para esse processo.

Gerar *leads*, expandir listas, gerar conteúdo, entregar valor, ser obsessivo pelo cliente... Quantas vezes você ouve falar nisso hoje em dia?

Quantas pessoas vendem fórmulas de sucesso em anúncios patrocinados, repetindo expressões como essas?

Algumas fórmulas funcionam, o problema é que não te contam a epopeia para fazê-las funcionar.

Naquela época, já entendíamos que nosso clube de assinaturas cresceria através da exploração de listas de e-mail. Talvez por ignorância, não seguimos nenhuma fórmula ou estratégia de lançamento, mas estava claro que nossa receita viria através da interação com as listas de e-mails.

Contudo, de certa forma ignoramos parte das boas ferramentas de marketing existentes tanto no mundo offline quanto no mundo online.

Buscávamos um crescimento orgânico na internet, mas esquecíamos que o orgânico estava mais relacionado a experiências no mundo real do que a uma série de palavras-chave ou ajustes técnicos no website para favorecer o posicionamento em buscadores.

No primeiro mês do clube, conseguimos cerca de 20 assinantes, que basicamente vieram através da velha técnica de pegar o telefone, ligar para um contato e falar sobre a sua ideia de negócio.

Tínhamos criado uma lista inicial de *leads* com o input dos cofundadores.

A ideia era simples: cada um listaria os nomes, contatos telefônicos e demais informações importantes de pessoas próximas que acreditávamos que poderiam comprar, ou melhor, assinar o nosso clube.

Listamos amigos, colegas e ex-colegas de trabalho, parentes, conhecidos, qualquer pessoa que considerássemos ao nosso alcance e para quem pudéssemos tentar vender a ideia.

Não definimos um número mínimo de assinantes para iniciar o clube, o que também foi um erro. Não criamos uma estratégia de pré-lançamento elaborada, por isso, apesar de termos captado *leads* antes do *go-live* do clube e realizado pesquisas com nossos potenciais clientes, não criamos uma atmosfera de antecipação ou expectativa quanto à data de lançamento.

A principal ação que vínhamos executando antes do lançamento era a captura de e-mails através da *landing page*, e, de fato, exploramos mal nossa lista de e-mails.

Apenas capturar e-mails e não criar uma sequência de mensagens que convencesse um potencial cliente a assinar um dos planos mensais foi uma falha bem grande para esse tipo de negócio.

Veja bem, eu me comunicava com nossa lista frequentemente, mas ali não havia uma estratégia orquestrada.

Se tivéssemos feito isso, se tivéssemos adotado uma postura de vendas proativa e persuasiva, utilizando apropriadamente técnicas de *copywriting* e gatilhos mentais, talvez tivéssemos conseguido criar uma base inicial de assinantes para sustentar o crescimento do negócio nos anos seguintes.

Se bem que, se tivéssemos aguardado até adquirirmos todo o conhecimento necessário sobre estratégias de marketing e técnicas de vendas, talvez jamais tivéssemos lançado o clube.

E se não tivéssemos ido para o mercado com o que tínhamos nas mãos, o protótipo do clube, eu certamente jamais teria percorrido os caminhos que percorri depois.

De fato, jamais saberei o que teria acontecido "Se tivéssemos feito isso..." ou "Se tivéssemos feito aquilo..."

O que sei é baseado no que experimentei. Estou descrevendo aqui a experiência que obtive naquele momento e o que aprendi ao longo do caminho.

O Cerveja na Caixa foi apenas uma etapa na minha jornada. Uma etapa que foi extremamente importante para o começo da Cervejaria Aqueles Caras.

Independentemente das falhas ou do sucesso, meu objetivo aqui é contar a história que vivi com meu negócio, na esperança de que ela seja útil na sua jornada.

Agora, no momento da vida em que estou, olhando para o caminho que percorri, está muito claro que tudo o que fiz foi parte de uma jornada maior em que cada etapa vivenciada foi importante para o passo seguinte.

E preciso frisar por que usei a palavra "vivenciada".

Há uma diferença enorme quando você tem a chance, ou se dá a chance, de vivenciar uma experiência.

Empreender é uma jornada que precisa ser experimentada, vivenciada. E bons empreendedores são aqueles que aprendem em suas jornadas e aplicam o que aprenderam nas suas próximas empreitadas.

Sempre há uma forma melhor de se fazer as coisas, mas nem por isso você deve deixar de tentar concretizar suas ideias do jeito que for viável para você. Hoje em dia, saber executar algo de forma simples dá tanto ou mais resultado do que usar estratégias mais sofisticadas.

Na jornada do empreendedorismo, você inevitavelmente irá falhar muitas vezes até conseguir fazer as coisas da maneira certa.

É verdade que, quando começamos o clube, poderíamos ter feito tudo de uma forma mais bem planejada, com uma pegada comercial talvez mais agressiva, com planejamento e orçamento de marketing mais consistentes. Mas a verdade é que não tínhamos condições de fazer isso na época, porque simplesmente não tínhamos o conhecimento necessário.

Sempre soubemos que planejar era importante, todos nós vínhamos de empresas que trabalhavam essencialmente com planejamento e execução de projetos complexos. Mas uma coisa é saber planejar e executar projetos com *inputs* e *outputs* conhecidos e previsíveis. Outra coisa é planejar as atividades de um negócio que ainda não existe, onde absolutamente nada é previsível, e o risco de perda financeira (do seu próprio capital) é iminente.

Veja bem, não estou dizendo que um bom planejamento não seja importante ou possível. Estou reconhecendo que é um grande desafio. Você terá que ser bom em planejar as atividades de um projeto, mas terá que ser dez vezes melhor em resolver problemas e cem vezes melhor em trazer receita para a empresa.

Nessa jornada, vencerão aqueles que acharem o equilíbrio entre planejamento e execução. É a execução que trará a visão real do mercado e permitirá testar hipóteses e falhar o mais cedo possível, a tempo de adaptar seu protótipo e gerar um produto mais aderente ao seu público.

E nada melhor para testar a aceitação de um produto do que as vendas. Se alguém genuinamente se interessar em pagar o valor que você estipulou para seu produto, ao menos você saberá que está no caminho certo. Eu diria que a concretização da venda é um dos melhores validadores de ideias que existe.

12. MARGENS SÃO CRUCIAIS

O título desse capítulo parece óbvio. Mas, por incrível que pareça, há uma infinidade de negócios por aí que operam com margens justíssimas e ainda assim conseguem exibir resultados financeiros bilionários em suas demonstrações.

No mercado cervejeiro, as margens podem ser altíssimas ou baixíssimas, dependendo de onde seu negócio estiver posicionado. Se você produz cerveja e tem fábrica própria, pode usufruir de margens maiores do que as de um cervejeiro cigano. Se você vende cerveja para o público final, certamente pode conseguir margens altas, dependendo de como trabalhar o seu ponto de venda. Há vantagens e desvantagens em todos os formatos de operação de um negócio de cervejas artesanais. A escolha de um ou outro precisa ser analisada de acordo com o perfil de cada empreendedor. Como todo negócio, o risco se distribui de maneira diferente segundo as possibilidades de ganho. Novamente, a escolha de um modelo de negócio precisa ser feita com base na viabilidade de ser operado por você e de se sustentar e gerar riqueza. A viabilidade de ser operado por você significa que você precisa ter afinidade e ao menos uma parte das habilidades necessárias para fazer as coisas acontecerem. E a viabilidade do negócio gerar riqueza, entre muitos fatores, significa que você precisa ser capaz de escalá-lo e ter margens excelentes e uma operação que custe pouco.

Isso não significa que basta abrir o negócio que oferece as maiores margens, e o sucesso ocorrerá. Margens são cruciais, mas há uma série de outros fatores a considerar em cada uma das opções. Complexidade, escalabilidade, facilidade de execução, risco, custo de execução e concorrência são alguns fatores primários. Podem ser considerados estratégicos fatores como expertise, conhecimento prévio do mercado e do público consumidor final. Ou, ainda, vantagens competitivas, como estrutura pré-existente, time de profissionais qualificados, patentes tecnológicas ou simplesmente uma lista de *leads* segmentada para determinado nicho.

TER A PALAVRA VIABILIDADE EM MENTE FOI ALGO QUE ME AJUDOU A ESCOLHER O CAMINHO A SEGUIR. QUANDO NOS PERGUNTÁVAMOS SE DETERMINADA IDEIA ERA VIÁVEL, CONSIDERÁVAMOS AS JUSTIFICATIVAS QUE A TORNAVAM EXECUTÁVEL NAS NOSSAS CIRCUNSTÂNCIAS. SE AS IDEIAS ERAM SIMPLES, DE BAIXA COMPLEXIDADE E BAIXO CUSTO DE EXECUÇÃO, EU AS CONSIDERAVA VIÁVEIS.

Claro, você sempre pode recorrer a uma pesquisa de mercado e identificar uma necessidade para a qual possa construir uma solução. É aquela história, sua ideia de negócio deve resolver uma dor do cliente. Deve atender a uma demanda de mercado, e não necessariamente a uma demanda sua.

No meu caso, a abordagem voltada à análise de viabilidade me ajudou a encontrar os fatores que faziam um determinado negócio viável ou não, em consonância com a minha realidade. Observe que, quando a ideia de empreender com meus amigos surgiu, precisávamos encontrar algo que fosse viável em um momento em que era difícil empreender.

E o modelo de negócio de clube de assinatura, cujos produtos seriam despachados aos clientes apenas uma vez por mês, foi baseado na ideia de complexidade que se mostrava viável dentro das nossas condições naquele momento.

Comentei lá no início do livro que eu me reunia com três amigos frequentemente para discutir ideias de negócio que pudéssemos prototipar juntos, e que nossas premissas eram parecidas. Tínhamos empregos aparentemente estáveis, estávamos avançando na carreira, mas queríamos criar um negócio que pudesse ser tocado nos finais de semana. E o clube de cerveja era algo que achávamos que seria passível de execução apenas nas horas vagas. Teríamos uma página de captura de assinantes, onde todo o processo de cadastro e cobrança recorrente seria feito de forma automatizada. Faríamos a pré-seleção das cervejas e, por termos uma base de clientes recorrentes, saberíamos exatamente quantas caixas teríamos que entregar no mês. Portanto, teríamos previsibilidade. Faríamos todo o marketing e as vendas online, sem precisar de loja física, vendendo um mesmo pacote de itens curados para n pessoas em todo o país. Na nossa cabeça, seríamos capazes de organizar todos os pedidos e despachá-los via transportadora em um fim de semana por mês.

E aqui ocorreu um problema.

Mesmo aplicando uma técnica *agile* de seleção de ideias para priorização de *backlog* à nossa ideia de negócio, acabamos selecionando algo baseado em premissas falsas.

Por não termos conhecimento real do mercado (afinal, nunca havíamos operado nenhum negócio de distribuição, muito menos na área de bebidas alcoólicas), acabamos tomando decisões um pouco equivocadas.

A começar pela crença de que seríamos capazes de construir um negócio de sucesso trabalhando apenas nas horas vagas.

Depois, por acharmos que as vendas viriam em volume.

Em seguida, por acharmos que as vendas viriam por si sós.

Nessa mesma sequência, também nos equivocamos ao achar que conseguiríamos fazer a montagens das caixas de cervejas no espaço limitado das nossas residências.

Por último, por comprarmos mal e trabalharmos com margens super apertadas, não havia folga para erros.

Faltou alguma coisa?

Sim, a logística. Mas vou falar sobre isso no próximo capítulo.

13. O DILEMA DO OVO E DA GALINHA NA LOGÍSTICA

Ignoramos o fato de que o negócio de assinatura de caixa de cerveja não era 100% digital. Vendíamos as assinaturas somente através do site, mas precisávamos entregar um produto físico muito frágil.

Ignoramos o fato de que a cerveja é um item frágil em todos os sentidos e, portanto, requer cuidados especiais ao ser transportada e armazenada. Cuidados especiais significam mais complexidade, mais dificuldades, mais custos.

Ignoramos o fato de que, historicamente, a logística no Brasil não funciona bem, tanto devido à péssima condição das estradas quanto à baixa qualidade do serviço prestado por empresas como os Correios ou mesmo transportadoras privadas. Para se ter uma ideia da gravidade do problema, houve uma ocasião em que a atendente de uma agência dos Correios me alertou para não escrever FRÁGIL na embalagem. Segundo ela, alguns funcionários tratavam a mercadoria com descaso propositalmente quando liam aquele aviso. Pelas regras dos Correios, eles não podiam fazer entregas de encomendas frágeis, com risco de quebra, como garrafas de cerveja. E, conforme ela disse: "Se mencionar que é frágil, aí é que eles tacam mesmo no chão". Que tristeza! Lembro que voltei para casa muito indignado naquele dia.

Começamos o negócio tentando resolver um problema logístico que separava os pequenos produtores em regiões afastadas dos clientes em grandes mercados consumidores como as capitais do país.

No entanto, ignoramos o fato de que havia uma grande chance de não conseguirmos implementar a solução que tínhamos desenhado no plano de negócios.

Como eu já disse, nosso *output* para o cliente não era apenas o PDF gerado com o pedido de compra detalhado, o guia de avaliação das cervejas do mês ou outro formato de ativo digital. Quando um visitante preenchia o cadastro no site, realizava o pagamento da mensalidade e se tornava um assinante, precisávamos entregar um produto físico no endereço dele.

E sem querer parecer redundante, quando você vende um produto físico, precisa lidar com todas as variáveis em torno da logística, armazenagem e gestão de estoque.

Não vou nem entrar na questão de *shelf life* neste momento, que é outra variável que adiciona complexidade ao negócio.

Tínhamos selecionado as transportadoras que poderiam trabalhar com a gente. Fizemos isso de maneira simples, ao longo dos meses em que estávamos idealizando o negócio. Assinamos os principais clubes existentes e compramos cerveja nos sites dos nossos maiores concorrentes. Identificamos com quais transportadoras eles trabalhavam e quais caixas utilizavam, e mensuramos o tempo de entrega. Os grandes *players* do mercado conseguiam realizar a entrega com um custo de frete bem razoável.

Achamos que bastaria contatar as mesmas transportadoras, e nos seriam oferecidas as mesmas faixas de preço e o mesmo nível de serviço.

Entramos em contato com várias transportadoras, mas esbarramos no fato de que algumas se recusavam a transportar garrafas de cerveja.

A primeira vez que conseguimos agendar uma reunião com uma transportadora que podia nos atender nos moldes que havíamos imaginado, fomos surpreendidos pela série de exigências que teríamos que cumprir.

Por exemplo, precisávamos enviar nossas caixas para homologação interna da transportadora e aguardar um prazo para retorno. Sem problemas quanto a isso, desde que aprovassem nossas caixas!

E foram aprovadas. Encomendamos aquelas caixas com o propósito de transportar cerveja. Ainda que o projeto fosse ruim, elas possuíam boa gramatura de papelão, divisórias internas e dupla proteção no fundo e no topo. Além disso, as garrafas eram envoltas em plástico-bolha. Diga-se de passagem, uma atividade totalmente desnecessária se a caixa fosse projetada de outra forma. O número de quebras era baixo, mas eventualmente ocorriam. Infelizmente, as caixas não eram à prova dos Correios. Tinham sido construídas para serem transportadas normalmente, sem grandes impactos, por empresas que prezassem pela não avaria das mercadorias de seus clientes.

Não contávamos que as transportadoras nos surpreenderiam com a exigência de um volume mínimo para começarem a nos atender sob um contrato de prestação de serviços com SLA e com uma tabela de frete mais atrativa.

Nossa meta de número de assinantes para os 12 meses seguintes equivalia ao volume mínimo diário exigido pela transportadora para começar a nos atender.

Como poderíamos alcançar um volume de 30 envios por dia, se o preço do frete em nosso site era bem maior do que o da concorrência?

Como o meu principal concorrente conseguia cobrar do cliente um frete quatro vezes menor do que o nosso?

Eu precisava ter um custo logístico baixo para poder competir com os grandes e trazer volume de vendas para o nosso site.

Mas eu não conseguia entender o que viria primeiro. O ovo ou a galinha? O volume de vendas ou o baixo custo logístico?

Um era completamente dependente do outro.

Com um custo alto de frete, minhas margens ficavam bastante apertadas, e qualquer desvio no processo, como o extravio de um pedido, significava perda de dinheiro.

Já havíamos tentado diversas transportadoras, mas, naquela época, a ideia de um negócio online de cerveja ainda soava meio estranha. A maioria das transportadoras nos oferecia uma tabela com custo de frete que inviabilizava a venda do produto.

Imagine um cliente no interior do estado do Rio gastando R$ 300,00 em 12 garrafas de cerveja, mas tendo que pagar mais cinquenta pratas apenas para recebê-las em casa. Agora, imagine o mesmo cliente gastando R$ 100,00 para comprar quatro garrafas e tendo que pagar os mesmos cinquenta de frete. Não faz sentido, mas recebi algumas propostas assim.

Alguns clientes aceitavam pagar o frete independentemente do valor, pois realmente queriam comprar determinado rótulo. Mas a imensa maioria dos consumidores na internet está buscando por preço bom e frete grátis, e uma loja virtual com um frete exorbitante certamente deixará de vender para esses clientes.

Quando pesquisamos os preços dos fretes e alimentamos nosso plano de negócio, imaginamos que conseguiríamos as mesmas condições que nossos concorrentes.

Mas o mundo dos negócios não funciona de maneira tão simples. Era preciso ter relacionamento, volume, tempo de estrada para poder usufruir das melhores condições de frete. E não tínhamos nada disso, estávamos começando do zero absoluto.

Decidimos então fazer nós mesmos as entregas para a cidade do Rio. Para as demais cidades, utilizaríamos os Correios ou uma transportadora que atendesse à região do cliente.

Não estávamos impedidos de usar uma transportadora para fazer nossas entregas. O problema é que, ao não firmar um contrato e não estabelecer uma parceria com um bom *player* logístico, estaríamos fadados a gastar tempo e esforço cotando transportadoras sempre que recebêssemos um pedido. Como garantiríamos as entregas aos nossos clientes dentro do prazo sem termos um processo de coleta e entrega pré-estabelecido em um acordo de nível de serviço?

No nosso cenário ideal, prepararíamos os pedidos e deixaríamos tudo pronto para a coleta no nosso endereço. Ao receber a notificação, a transportadora coletaria o pedido e se encarregaria de fazê-lo chegar ao destino.

No cenário perfeito, alugaríamos posições logísticas no armazém da transportadora, e eles fariam o *packing* de acordo com os pedidos recebidos e em seguida despachariam para o cliente. Assim, ficaríamos livres para focar nas vendas e no crescimento do site.

Mas não foi o que aconteceu.

Continuamos nós mesmos fazendo as entregas, em uma situação que deveria ter sido temporária.

Tínhamos a demanda mensal de entregas do clube de assinatura, então era fácil prever o quanto teríamos que entregar e quanto tempo isso tomaria. Também era possível estimar os custos de combustível e homem-hora, mas as estimativas eram falhas. Entregar uma caixa em Botafogo e outra no Flamengo não necessariamente levava o mesmo tempo em dias diferentes. Ir do Leblon à Barra da Tijuca às vezes levava mais tempo do que chegar de Jacarepaguá a

Niterói. Em certos dias, ir a Niterói era rápido, mas voltar era uma viagem longa, cansativa e custosa.

Estávamos gastando muito para realizar as entregas. Conseguíamos ter um bom custo de frete por garrafa entregue em determinados pedidos, mas, em outros, acabávamos gastando mais do que o previsto, e isso diminuía o nosso resultado.

Lembro de uma vez em que saí do escritório para fazer as entregas da Tijuca, e um dos destinatários não estava em casa. O prédio dele não possuía serviços de portaria, e ninguém atendia o interfone.

Eu não queria ter que voltar para Jacarepaguá com aquela caixa no carro e ter que voltar no outro dia para fazer somente aquela entrega. Não queria desperdiçar dinheiro, mas também não queria fazer o cliente esperar para que eu pudesse aguardar novos pedidos naquela região e diluir o frete.

Saí para fazer outras entregas e voltei ao prédio algumas horas depois. O cliente não havia chegado. Acabei deixando a caixa dele com um vizinho.

O vizinho entregaria a caixa ao cliente, ele ficaria feliz em receber as cervejas dentro do prazo, e eu ficaria feliz em não ter que gastar mais tempo e dinheiro para entregar o mesmo pedido.

Era aquela regra básica da contabilidade manifestada de forma prática: lucro é igual a receita menos despesas. Eu precisava ter o mínimo de despesas e maximizar o lucro que cada transação efetivada traria para nosso caixa.

Bom, era fim de dia, eu tinha evitado um gasto extra e finalizado as entregas. Peguei meu carro e fui para casa.

Até aí tudo bem. Abro meu e-mail no dia seguinte e encontro uma mensagem furiosa do cliente.

Na verdade, ele elogiava a entrega rápida do pedido, mas estava completamente aborrecido por eu ter deixado a nota fiscal junto com a caixa na casa do vizinho.

Entregar a nota fiscal era minha obrigação, pensei...

Mas eu não havia atentado para a questão da privacidade que o cliente citava em sua mensagem. Ele não tinha gostado, e com razão, do fato de eu ter exposto à outra pessoa o valor que ele gastava comprando cerveja. Qualquer que fosse o produto, tais dados nunca deveriam estar expostos.

Aparentemente, consegui remediar a situação com um e-mail me desculpando pela falha e oferecendo um desconto na próxima compra. Mas, de fato, acabei perdendo o cliente.

Na ânsia de resolver um problema, acabei gerando outro.

À medida que nossa base de assinantes crescia, lidar com a logística se tornava um problema cada vez maior.

14. A FURADA DO MAIOR CATÁLOGO DE CERVEJAS BRASILEIRAS DA INTERNET

Nós tínhamos um sonho: sermos o maior site de cervejas artesanais brasileiras do país.

Mas o que, exatamente, significava ser o maior site no nosso segmento?

Possuir rótulos de todas as regiões do país?

Ter o maior catálogo online? Isto é, ter a maior variedade de cervejas disponíveis para o cliente final?

EU NÃO SEI EM QUAL SEGMENTO VOCÊ BUSCA ABRIR UM NEGÓCIO, MAS SE FOR TRABALHAR COM PRODUTOS PERECÍVEIS, POR FAVOR, NÃO TENHA UMA MISSÃO COMO A NOSSA.

Essa é mais uma anedota do plano de negócio. Quatro empreendedores *newbies* pensando grande demais e traçando metas sem ter experiência alguma com o mercado real.

Lembro da reunião em que elaboramos a missão e a visão da empresa, concluindo que queríamos ser a principal referência para cervejas artesanais brasileiras na internet.

E olha que, naquela época, nem tínhamos os milhares de produtores de cerveja artesanal que temos atualmente.

Acreditávamos no crescimento do mercado brasileiro e, por isso, fazia todo sentido nos posicionarmos como o principal ponto de venda de cervejas locais na internet.

Com a abundância que viria a médio prazo, seríamos capazes de eliminar as barreiras geográficas entre microcervejarias locais e consumidores espalhados pelo Brasil.

Mas a nossa inexperiência era tão grande que não tínhamos considerado um fator importante nessa equação: a *shelf life*.

Abraçamos a premissa de que deveríamos ter uma grande variedade de cervejas para atingir nossos objetivos de negócio.

Para isso, começamos a fazer pedidos com várias cervejarias e distribuidores. Geralmente, os pedidos realizados diretamente com as cervejarias acabavam sendo em quantidade maior por rótulo. Assim, eu podia negociar um preço melhor e diluir o frete. Já nos distribuidores locais, eu conseguia comprar caixas mistas indo direto ao depósito deles, o que me permitia testar alguns rótulos no site antes de fazer uma compra maior.

O número de pedidos vinha aumentando com o tempo. Falando especificamente da loja virtual, e não do clube, saímos de uma situação inicial de um pedido por semana e aos poucos chegamos a pelo menos um pedido por dia. Em vários momentos, tivemos entre cinco e dez pedidos em um único dia. Isso ainda estava muito distante dos 30 envios diários de que eu precisava para trabalhar com aquele grande operador logístico, mas era um número em ascensão.

O tempo passou, nossas vendas cresceram, e o estoque também. E como a gestão do estoque não era feita de maneira exemplar, começamos a ter problemas com garrafas com datas de expiração próximas ao vencimento.

O que acontecia era o seguinte: essas garrafas demoravam a sair, ao ponto de expirarem.

Para algumas cervejas, o fabricante estipulava um tempo de validade curto demais para distribuição e consumo pelo cliente final. E como às vezes tinham um desempenho de vendas fraco, determinados rótulos demandavam um esforço adicional de marketing para serem vendidos.

Mas isso não acontecia com todos os rótulos. Lembro que, por exemplo, a cerveja Magic Trap, da Hocus Pocus, sempre saía de maneira vertiginosa. Ocupava a primeira posição no ranking de vendas do site. Um grande erro meu foi não ter focado minhas energias apenas nas cervejarias que comprovadamente davam retorno. Como nosso propósito era abraçar todas as cervejarias artesanais brasileiras ao mesmo tempo, acabamos nos sabotando na missão. Aquela era mesmo uma Missão: Impossível, só que sem os recursos abundantes de Hollywood.

Meu propósito era nobre, mas também um pouco insano.

No momento do pedido, nós sabíamos qual era a data de expiração de algumas das cervejas que estávamos comprando. Sempre tentávamos comprar rótulos com o maior tempo de validade possível, ainda que algumas marcas optassem por oferecer o contrário como estratégia de negócio.

Nesses casos, a ideia da cervejaria é incentivar o consumo de seu produto o mais rápido possível, o que às vezes realmente é necessário. Por exemplo, quando o produto não é pasteurizado, há uma preocupação com a deterioração ao longo do tempo. Uma cerveja não pasteurizada tende a durar bem menos do que uma pasteurizada.

Porém, quando pasteurizada, a cerveja pode perder ou ter suas características sensoriais modificadas caso o processo não seja feito adequadamente. Por isso, uma cerveja não pasteurizada geralmente consegue entregar uma experiência sensorial muito mais interessante.

A ideia da data de validade curta impressa na garrafa é interessante para a cervejaria, tanto em termos de faturamento quanto de qualidade da experiência entregue ao consumidor final. Uma cerveja que está prestes a expirar tende a ser consumida antes do prazo impresso, ainda que possa durar anos quando pasteurizada., Teoricamente, o tempo curto de validade força o consumo do produto enquanto fresco, entregando efetivamente os requisitos de qualidade sensorial percebidos pelo consumidor.

Para revelar seu máximo potencial de sabor e aroma, a cerveja artesanal deve ser degustada o mais fresca possível. Normalmente, você consegue ter essa experiência ao degustar o chope não pasteurizado em *brewpubs*, bares de fábricas ou *tap rooms*, que são um tipo de pub especializado em cervejas especiais, geralmente com muitas torneiras de chope de estilos variados. Para o consumo em garrafa, a experiência também é plenamente possível, mesmo com garrafas produzidas há bastante tempo. Na maioria dos casos, a tendência é que a experiência de beber uma cerveja fabricada há um ano não seja igual à de degustar o mesmo rótulo produzido há um mês. A exceção à regra são as cervejas de alta gravidade, ou cervejas de guarda, que, assim como o vinho, tendem a ficar melhores com o passar dos anos.

O que não sabíamos era que determinados rótulos não saíam de jeito nenhum, nem com promoção, *Black Friday* ou reza braba. Outros saíam muito devagar e significavam dinheiro parado, perdendo valor. Era a estratégia de consumo rápido da cervejaria funcionando, mas com o efeito colateral de quebrar as pernas do seu ponto de venda. Com isso, tínhamos muitas bombas-relógio no estoque, garrafas que iriam expirar e não valeriam nada, zero, pois não poderíamos mais vendê-las.

Naquele nosso imenso catálogo, tínhamos cervejas que estavam expirando sem sequer terem sido vendidas uma única vez.

Lembra que as nossas margens eram apertadas? Fazer promoções era uma saída para desencalhar um produto, mas significava perder dinheiro de qualquer forma.

Portanto, ao abrir um negócio que trabalhe com produtos perecíveis, avalie bem se você terá condições de bancar o status de ser o maior em seu segmento logo no início. Há outras formas mais inteligentes de pensar grande.

Vou dar um exemplo, baseado em minha própria experiência. Apesar de insuficientes para atingir o *break even* no prazo que planejamos, nossas vendas cresciam mês a mês. O clube de assinatura tinha uma taxa de *churn* de apenas 3%, isto é, a cada cem assinantes, apenas três cancelavam a assinatura. As vendas avulsas e o *ticket médio* da loja virtual cresciam a cada mês.

Ser o maior *player* da internet no segmento de cervejas artesanais brasileiras era um sonho vaidoso. Ter o maior catálogo de cervejas artesanais brasileiras da internet também era uma meta vaidosa.

Poderíamos ter focado em ser justamente o que vínhamos sendo ao longo da jornada: o clube que mais gerava valor aos assinantes, ou o clube que mais gerava valor aos pequenos produtores de cervejas artesanais. Isso podia ser comprovado através dos feedbacks que recebíamos de nossos clientes e fornecedores, ou mesmo da nossa taxa de cancelamento mencionada acima. Se, em toda a existência do clube, apenas três clientes haviam cancelado suas assinaturas, certamente estávamos fazendo um trabalho diferenciado.

Não tenho os dados da concorrência para fazer um *benchmarking*, mas talvez fôssemos a loja virtual e clube de assinatura de cervejas que mais crescia em nosso setor.

Obviamente, para uma empresa que está começando, sair de zero para cem pedidos recorrentes por mês pode ser considerado um crescimento absurdo, dependendo do período em que esse crescimento ocorre.

Hoje, lembro desse dado e penso que era um número excelente, considerando o baixo investimento em marketing e a forma limitada como fizemos tudo.

Mas nós não víamos sucesso nesse número naquela época, mesmo sabendo que era apenas um teste e que não tínhamos iniciado uma empresa com toda a estrutura necessária para crescer. De acordo com nosso plano de negócio, estávamos falhando, e aquele resultado era desastroso.

Ainda me pergunto se um plano de negócios construído antes de uma ideia ser sequer experimentada, testada, validada, atrapalha mais do que ajuda o empreendedor iniciante.

E se as premissas, suposições, hipóteses forem todas equivocadas? Claro, a ideia é testar e validar esses pontos.

Mas e se a pesquisa de mercado que você julgou ter sido suficiente naquele momento não contemplar as variáveis de negócio no mundo real?

Aquilo que definimos em conjunto lá no início, nas reuniões para discutir o plano de negócio, acabou se tornando nossos objetivos, e demoramos a perceber que estávamos errados.

Havíamos criado a nossa visão sem ter experiência alguma no mercado em que queríamos atuar, e foi difícil abandoná-la ou adaptá-la durante aquele período.

Por mais que, por exemplo, tivéssemos identificado nossa *persona*, criado nossos avatares, talvez não conhecêssemos realmente o nosso cliente. Nossos avatares foram baseados em pesquisas de internet e dados de outros negócios, não exatamente do nosso. Replicamos os avatares nos nomes dos planos de assinatura, para deixar mais claro quem queríamos conectar com aquele produto. Ainda lembro que a caixa Entusiasta era mais escolhida do que as outras opções,

Degustador e Bon Vivant. Mas a verdade é que os planos não geravam o valor esperado para cada um desses perfis, e, por isso, a caixa Entusiasta, a mais barata de todas, ganhava pelo preço, pois conseguia entregar o mesmo valor que as outras opções "mais caras".

Apesar de termos investido tempo e dinheiro em pesquisas de campo, não tínhamos ainda inteligência de negócio para tomar decisões mais acertadas.

Esse padrão se repetia em outros aspectos relacionados à visão, missão e valores do negócio. Queríamos fazer aquela ideia funcionar de qualquer jeito, e eu não conseguia, naquele momento, entender que ideias não nascem prontas para o mercado, mas precisam se encaixar. Precisam ser trabalhadas, lapidadas, adaptadas, de forma a aumentar a percepção e a real entrega de valor ao cliente.

Mas, como já disse, eu queria fazer a ideia funcionar e levei tempo para fazer os ajustes necessários.

É impressionante como somente após ter experimentado é que podemos realmente obter os insumos necessários para criar um negócio melhor e mais lucrativo e desenvolver um plano que realmente seja uma força estratégica ao negócio. Melhor ainda, podemos criar um produto que se encaixe melhor nas necessidades de quem precisa dele.

Eu sei que deveria ter voltado ao *business plan* mais vezes, adaptado a visão de negócio, abandonado premissas falsas mais rapidamente e investido mais nas boas oportunidades que surgiam ao longo do tempo.

O problema é que eu estava mergulhado nas atividades do dia a dia de quem precisa fazer as coisas acontecerem e acabei dedicando pouco tempo para aperfeiçoar nossa estratégia.

Teríamos tido mais sucesso se nosso propósito, visão, missão e valores fossem outros, baseados em *outputs* de experimentação em vez de expectativas imaginárias?

15. OU VAI, OU RACHA

Havíamos tido aquela dura conversa no início do ano, em que deixamos de ser quatro cofundadores e passamos a ser apenas dois.

O grande problema com meus ex-sócios no Cerveja na Caixa era que eles não tinham tempo para o negócio. Eu estava sem emprego formal, sem carreira, sem fonte de renda consistente e tentando criar um negócio com pessoas que estavam muito confortáveis onde se encontravam.

Eles estavam seguindo o caminho que havíamos iniciado praticamente juntos, entre 2007 e 2008. E eu tinha escolhido mudar de direção.

Eu precisava dar um rumo à minha vida e não podia mais esperar que eles conseguissem tempo livre para trabalhar em nossas ideias.

Na minha cabeça, para a empresa dar certo, nós quatro teríamos que trabalhar nela em tempo integral, e não apenas algumas horas na semana.

Aquilo já não era mais um projeto de fim de semana, era onde eu estava projetando minha vida nos anos seguintes.

Não coloquei meus sócios contra a parede e pedi para que largassem seus empregos ou trabalhassem no CNC. Apenas constatamos que estávamos há meses nos enrolando, adiando reuniões, não concluindo tarefas e adiando decisões.

Eu queria testar e falhar rápido, pois se não desse certo, trataria de voltar logo ao mercado e não me prejudicaria tanto.

Talvez meus sócios não tivessem absorvido ainda a mesma visão que eu tinha.

O fato de ter lido aquele livro sobre *startups* enxutas e feito a imersão do Empretec tinha mexido comigo.

Eu precisava caminhar para frente e sentia que meus próprios sócios estavam sendo minhas âncoras.

Talvez essa tenha sido uma das piores decisões que tomei. Afinal, deixei de ter no time pessoas que eu admirava e eram plenamente capazes de acrescentar ao negócio as habilidades que faltavam em mim.

Habilidades que fizeram falta lá na frente.

O problema é que eu também não sei se teria realmente chegado aonde cheguei com meus negócios se ainda estivesse esperando pela disponibilidade ou permissão de outras pessoas.

E EMPREENDEDOR NÃO ESPERA. EMPREENDEDOR NÃO PEDE PERMISSÃO. EMPREENDEDOR VAI LÁ E FAZ ACONTECER.

Essa era a minha maneira de pensar naquele período.

Por outro lado, quando o Trindade e o Diogo deixaram o time, ficou mais fácil tomar decisões, e partimos para a execução.

Um dos pontos em que discordávamos era a venda das assinaturas enquanto o clube não existia de fato.

Como não tínhamos uma estratégia de marketing sequenciada como *drive* do negócio, não entendíamos que estávamos tentando organizar uma ação de pré-venda, um pré-lançamento ou, ainda, um pré-pré-lançamento.

Quando construímos o plano, desenhando nosso modelo de negócio, pensamos na operação de aquisição de rótulos dos pequenos produtores da mesma forma que ocorre no ramo de revenda de outros produtos. Compraríamos do fabricante a um preço qualquer e aplicaríamos nosso *mark-up* em cima. Poderíamos ter sido mais criativos e adquirido as mercadorias de várias outras formas, com parcerias mais estruturadas com os próprios produtores, mas decidimos ir pelo caminho tradicional.

Nessa lógica, antes de vender um produto, precisaríamos negociá-lo, comprá-lo e transportá-lo, e somente depois de tê-lo em nosso estoque poderíamos anunciá-lo para venda ao cliente.

Tudo errado.

Mas, claro, é muito fácil olhar para trás cinco ou seis anos depois e apontar os erros, porque é óbvio que ficam mais claros. Esse é justamente um dos motivos pelos quais decidi escrever esse livro. Meus erros podem ser úteis para outros empreendedores que estejam prestes a iniciar um negócio de forma similar à minha, com recursos limitados e nenhuma experiência de mercado.

Porque outra coisa que ficou clara somente com o passar dos anos é que eu tomei as decisões da melhor maneira que pude com o conhecimento que possuía na ocasião. A evolução faz parte da jornada, mas não vem se você não se arriscar a falhar.

E eu só consigo olhar para trás e ver que poderia ter tomado decisões melhores porque fui capaz de falhar e evoluir.

Voltando ao assunto de vender antes do produto existir, parecia arriscado e antiético, mas eu achava que era a solução mais apropriada para o nosso cenário.

Nós concordávamos que a ideia do clube era excelente justamente devido à sua previsibilidade.

Era simples: se tivéssemos mil assinantes, saberíamos exatamente a quantidade de mercadoria que teríamos que adquirir para atender à demanda mensal.

Saberíamos com antecedência em quais regiões teríamos que fazer entregas, o que nos permitiria consolidar fretes e concentrar as entregas de forma eficiente e mais barata. Teríamos uma janela de um mês para fazer isso, logo, parecia completamente viável, mesmo que tivéssemos outros empregos.

Portanto, o jeito de começar o clube era vendendo as assinaturas antes mesmo de termos adquirido nosso estoque inicial, pois assim já começaríamos sabendo o que, quanto, quando e para quem entregar.

Mas a ideia de vender antes soava errada.

E eu não conseguia explicar que aquilo era parte de uma estratégia de lançamento porque simplesmente não sabia direito o que estava fazendo.

Nossa estratégia era rudimentar.

Meses antes, havíamos criado uma lista de potenciais clientes. Era o nosso *pipeline*, nosso funil de vendas, em uma planilha de Excel onde registrávamos nossas interações com cada *lead* durante a jornada de aquisição de assinantes.

Tínhamos dividido aquela planilha entre os quatro cofundadores.

No nosso plano, não havíamos designado os processos de marketing e vendas para alguém. Todos éramos responsáveis por vender.

Isso foi uma ideia minha, imposta realmente sem querer.

Eu achava que todos éramos iguais. Portanto, devíamos compartilhar as metas de vendas e aquisição de assinantes.

Errei de novo.

O Diogo já havia dito que não possuía perfil para vendas, mas eu não tinha dado a mínima. Achava que vender era fácil, bastava entrar em contato com as pessoas da lista, explicar como nosso produto funcionava, mostrar os benefícios e sair da conversa com um sim ou um não.

Assim que tivéssemos uma lista recheada de sins, saberíamos exatamente qual seria a demanda inicial. Na minha cabeça, bastaria repetir esse processo todo mês, e em dois anos estaríamos com um puta negócio nas mãos, faturando recorrentemente e crescendo exponencialmente.

Eu deveria ter tirado essa responsabilidade do colo do Diogo e do Trindade desde o início. Deveríamos ter acordado outras metas, em outras áreas em que eles pudessem contribuir melhor.

O motivo do Leo ter continuado no negócio após a nossa dura conversa naquele janeiro de 2015 foi justamente o fato de ele ter sido o único a comprar a ideia de que tínhamos que começar a vender desde o início.

Na minha visão, parecia que o Diogo e o Trindade não se sentiam confortáveis em vender algo que ainda não existia.

O Leo talvez tivesse uma sintonia melhor comigo porque também havia nele uma vontade de andar logo com as coisas.

Talvez tenha sido o momento de vida de cada um de nós. Sempre achei que eu tivesse empatia com as pessoas, mas olhando para os exemplos da vida real, talvez não tenha tido empatia suficiente com o momento de vida deles nem com seus perfis e aptidões.

Em fevereiro de 2015, lançamos o clube e fizemos as primeiras entregas. Alguns clientes iniciais eram amigos, como o Beto e a Laura, nossos dois primeiros assinantes. Tinha a Teresa, minha ex-colega de trabalho na Michelin, um exemplo de mãe, que tinha assinado um plano para o marido. A irmã do Leo, que infelizmente não está mais entre nós, também havia assinado o nosso kit mais valioso com seu namorado. Até a mãe do Trindade, que já não fazia mais parte do CNC, tinha efetivado sua assinatura.

Os primeiros meses foram passando, e eu notava que o crescimento do clube era proporcional ao nosso esforço de venda.

Era simples: quando nos esforçávamos para vender, havia novos assinantes. Se não fizéssemos nada, nenhum ou quase nenhum assinante novo aparecia.

Apesar da lista inicial de *leads* e da nossa abordagem ativa de vendas terem trazido assinantes, aquele não era o modelo que queríamos.

O negócio havia sido concebido com a ideia equivocada de que ficaríamos sentados em frente ao computador, aguardando os pedidos chegarem automaticamente devido ao Google e ao nosso marketing em redes sociais. Eu tinha trabalhado no SEO do site desde sua concepção e conseguido nos posicionar na primeira página do Google como resultado de busca de algumas palavras-chave relevantes.

Pegar o telefone e ligar para as pessoas também não nos soava certo. Nosso negócio era virtual, correto?

Tínhamos a fórmula que funcionava nas mãos, mas vender assinaturas pelo telefone parecia ser burrice.

Eu queria que os assinantes viessem de forma orgânica, passiva, via internet.

Eu também não queria que meu negócio digital tivesse custos de telemarketing. Seria como se o site não servisse para nada.

E, de fato, a verdade é que nem de site precisávamos para vender nosso produto.

Conseguíamos vendê-lo pelo telefone, apenas descrevendo como funcionava e que benefícios as pessoas teriam ao se tornarem assinantes.

Isso não é fantástico?

Por algum motivo, essa situação não nos motivava a investir mais nesse tipo de ação. Se fazer *cold calls* era chato, poderíamos ter contratado nosso primeiro vendedor para desempenhar a função.

Estávamos cegos devido a um modelo de negócio que só funcionava na nossa imaginação, ou melhor, que não tinha condições de funcionar como havíamos imaginado. Tínhamos certeza de que faríamos aquilo funcionar sozinho.

A cegueira era tão grande que, meses antes, enquanto ainda éramos quatro sócios, havíamos recusado uma proposta de sociedade que poderia ter funcionado bem e resolvido todos os problemas do Cerveja na Caixa. A Ana Paula, que trabalhou comigo na Michelin, tinha falado da nossa ideia de negócio para o marido. Ele entrou em contato, propondo dividir o negócio em três partes. Nós ficaríamos com a parte da tecnologia, enquanto ele assumiria o marketing e nos levaria a comerciais na televisão. A terceira parte ficaria com um distribuidor, que se responsabilizaria pela armazenagem e logística. Pelo o que você já leu até aqui, deve imaginar como fomos burros em não aceitar tal proposta. A verdade é que seríamos diluídos demais no negócio e, equivocadamente, preferimos ser 100% donos de nada (um negócio ainda era apenas uma *landing page*) a dividirmos 33% de um negócio mais promissor entre os quatro.

Voltando ao assunto, não demos continuidade à aquisição de assinantes de forma ativa, como já tínhamos visto que dava certo.

O nosso CAC (custo de aquisição de clientes) era até baixo para o tamanho da operação no momento.

Na expectativa de tráfego orgânico e alta conversão logo no primeiro ano de existência, acabamos deixando passar muitas oportunidades alternativas de crescimento.

Durante esse período, o Leo continuava focando em sua carreira e se esforçando para conciliar as atividades do clube com seu tempo livre aos fins de semana.

Basicamente, ele havia absorvido as funções de CFO e Logística do clube. Em outras palavras, cuidava da parte financeira, emitia os boletos de cobrança, cuidava das contas a pagar, etc. Nos fins de semana, passava lá em casa ou no escritório para pegar as caixas e fazer as entregas.

Como eu era o encarregado das compras, as garrafas e caixas costumavam ficar no meu apartamento quando ainda não tínhamos a sala comercial.

Nossos assinantes estavam principalmente na cidade do Rio de Janeiro e em Niterói, portanto, conseguíamos concentrar e realizar entregas em cerca de dois dias da semana.

Eu era muito impaciente. Tinha vezes em que o Leo não podia fazer as entregas em determinado fim de semana, e eu simplesmente pegava as caixas e saía entregando durante a semana.

Eu não possuía emprego, tinha tempo para fazer isso e não queria que nossos assinantes esperassem mais uma semana para receber suas caixas.

Essa atitude resultava em perdas constantes de dinheiro, pois muitas vezes o frete era executado de maneira ineficiente. Eu acreditava que superar as expectativas do cliente, ou no mínimo atendê-las corretamente, seria fundamental para nosso crescimento orgânico. Mas não tínhamos previsto capital suficiente para dar suporte a esse crescimento.

Além disso, eu estava absorvendo funções do Leo e me sentindo cada vez mais esgotado.

Parecia que tudo dependia de mim para acontecer. Na verdade, eu mesmo estava concentrando todas as atividades em mim e me tornando meu próprio obstáculo.

O esgotamento que eu mesmo vinha alimentando, somado à insatisfação por achar que o negócio não estava progredindo como eu esperava, me fazia questionar minha sociedade com o Leo.

De certa forma, era como se ele fosse um gargalo, um obstáculo para mim e para o negócio.

Por eu estar 100% dedicado ao negócio naquela época, minha visão do futuro havia se tornado muito diferente da que o Leo tinha. Ou pelo menos da visão que eu achava que ele tinha.

A QUESTÃO DA DISPONIBILIDADE PARA O NEGÓCIO COMEÇOU A SE TORNAR UM PROBLEMA NOVAMENTE.

Havíamos separado as atividades, mas ainda assim eu esperava mais. Jamais chegaríamos a lugar a algum se tudo dependesse exclusivamente de mim. Jamais melhoraríamos os resultados financeiros se o Leo focasse em nossas finanças apenas nas horas vagas. Era o meu pensamento naquela época, e aquilo me incomodava muito.

O Leo, na minha forma de ver, estava em uma situação confortável novamente. Ele acreditava que o clube cresceria, mas não estava obstinado a fazê-lo crescer.

Mais uma vez, errei em não ter valorizado aquilo que meu amigo, ou melhor, meu sócio podia oferecer naquele momento. Ele poderia ter continuado me dando apoio na gestão das finanças, na logística e na solução de problemas que muitas das vezes tive que penar para resolver sozinho.

Se conversássemos mais sobre as expectativas de cada um, talvez não nos frustrássemos tanto um com o outro.

Eu também sempre tive dificuldades em expor minha insatisfação para os meus sócios. Eu era aquele cara legal com todo mundo, que dificilmente se aborrecia. Na verdade, eu acabava acumulando tudo, até o momento em que não aguentava mais.

Um belo dia, perguntei abertamente ao Leo o que ele esperava do nosso negócio e pedi que, daquele momento em diante, ele pensasse se realmente queria fazer parte daquilo.

Queria que ele avaliasse se os seus objetivos pessoais se encaixavam nos objetivos do nosso negócio.

Não, eu não explodi.

Avaliamos aonde havíamos chegado após todos aqueles meses trabalhando.

Questionamos os resultados alcançados, comparando-os com o que havíamos previsto no plano de negócio.

Verificamos o quanto de fato tínhamos avançado, nos últimos meses, em direção ao número que havíamos previsto.

Estrategicamente falando, não havíamos avançado.

De fato, eu também não tinha feito muito mais do que meu sócio em relação ao crescimento da base de assinantes e da resolução dos problemas logísticos.

Passei muito tempo desempenhando as outras funções existentes no negócio, vivendo no meio das caixas de papelão, subindo e descendo escadas com caixas de cerveja em um prédio sem elevador. Passava a maior parte do meu tempo cuidando das vendas online, do site existente e da construção do site novo. Fazia a análise de dados, a comunicação com o público, o design dos folders das caixas do mês. Avaliava e encomendava as cervejas, montava as caixas e embalava cada garrafa com plástico-bolha para garantir uma entrega sem avaria aos nossos clientes.

Eu estava consumido por um zilhão de atividades e acabava não dando a devida atenção às que trariam os resultados que estávamos buscando.

Se, por um lado eu estava mergulhado em atividades que eu mesmo havia concentrado em mim, o Leo também estava se virando para conciliar a vida particular dele com a nossa ideia maluca de criar um negócio do zero.

Deveríamos ter formado um time para nos ajudar nas tarefas operacionais. Assim, teríamos focado mais na estratégia do negócio e dedicado mais tempo às atividades que contribuíam para o cumprimento das nossas metas prioritárias.

EQUIPE

A falta de definição de um *budget*, um orçamento a administrar, atrapalhou a tomada das decisões necessárias em relação à formação de uma equipe. Todo projeto precisa de um orçamento para funcionar e um time para executar as atividades. Mas havíamos cometido aquele erro lá atrás de não realizar um aporte de capital inicial.

Como escolhemos dividir as despesas à medida que surgissem, acredito que postergamos a contratação de pessoas equivocadamente.

Ter um funcionário fixo ainda nos parecia arriscado demais naquele momento, pois o negócio em si não gerava caixa para arcar com todos os custos e encargos trabalhistas.

Entretanto, não trabalhávamos totalmente sozinhos.

Além de recorrer a profissionais nas plataformas de contratação de freelancers, muitas vezes busquei ajuda de pessoas da família ou amigos próximos.

Minhas primas Carol e Mariana sempre estiveram presentes, tanto no Cerveja na Caixa quanto na Cervejaria Aqueles Caras. A Debbie e a Vivian, minha esposa e a do Leo, respectivamente, muitas vezes absorviam atividades aleatórias, como criação de conteúdo ou atualização de planilhas financeiras. E, claro, também nos acompanhavam nas longas viagens às cervejarias, muitas delas com a picape do meu pai, que sempre estava disponível quando eu precisava.

Meu padrinho, o tio Pedro, dono de uma empresa de confecção de roupas na zona sul do Rio, produziu muitas das camisas com frases cervejeiras que vendíamos no site. A casa dele e da Tia Penha, foi literalmente a minha segunda casa por anos. Perdi as contas de quantas vezes usei a sala deles como estoque temporário de barris vazios ou caixas de cerveja.

Meu amigo Kiko sempre me ajudou nas tarefas de edição e tratamento de imagens, criação de arte e *silk screen* das camisas. Lembro que, apenas para o Cerveja na Caixa, o Kiko editou mais de quatrocentas imagens de garrafas de cervejarias brasileiras.

Quando eu já estava sem sócios, meu primo Isaac ajudou na elaboração de um novo planejamento estratégico para o CNC.

Já o Filipe, o Jonas e o Yvan, lá do Canadá, posteriormente me ajudaram a criar outras receitas de cerveja para a Cervejaria Aqueles Caras.

Obviamente, sempre fiz questão de pagar meus amigos e familiares como pagaria quaisquer outros profissionais. Eu queria gerar renda para todos à minha volta, e se eles tinham competência para me ajudar, por que não os contrataria?

No fim das contas, a verdade é que todos faziam bem mais do que deviam por mim, espontaneamente. Estavam ali torcendo pelo meu sucesso e jamais cobravam nada, apenas queriam me ajudar, de graça, por amor. A ajuda deles foi incalculável, algo que jamais esquecerei.

No início do projeto, havíamos contratado ainda os serviços de Amanda Henriques, do blog Maria Cevada, para fazer as avaliações das cervejas que eram selecionadas para a caixa do mês. Eu já vinha tentando avaliar cervejas seguindo as diretrizes de um guia de estilos chamado BJCP, mas ainda não possuía expertise no assunto.

Eu também não tinha um treinamento formal sobre sommelieria, acabara de sair do mundo corporativo e achava estranho assinar as avaliações no clube como se fosse um especialista, mesmo tendo investido tempo degustando e estudando como avaliar cervejas nos meses anteriores.

Nós nos reunimos em um bar na Barra da Tijuca em outubro de 2014, por indicação e ideia do Diogo. Naquela época, a Amanda já estava empenhada em avaliar cervejas artesanais e especiais em seu blog e nas redes sociais. Já possuía sua audiência, seus seguidores, e uma parceria com ela seria muito positiva para o nosso negócio, pois resolveria nosso problema de autoridade e tiraria atividades do nosso colo.

Compartilharíamos nosso público em comum e ainda agregaríamos valor um ao negócio do outro.

Posteriormente, já com a sala comercial alugada, chegamos a contratar um estagiário, praticamente nos últimos meses de operação do site.

Infelizmente, quando decidimos contratar nosso primeiro estagiário, também tomamos algumas decisões erradas. Não realizamos um processo de recrutamento adequado e acabamos tendo dificuldade em progredir com a pessoa que contratamos.

Achávamos que precisávamos de alguém totalmente sem experiência a quem poderíamos ensinar tudo, já que nossas atividades não eram tão comuns. A contratação foi muito útil para delegar aquele monte de atividades operacionais diárias que estavam no meu colo. Assim, consegui ter mais tempo para focar na solução de obstáculos.

No entanto, acabamos tendo que lidar com problemas inesperados, comuns na fase de adolescência da maioria dos jovens. O Thyago, um cara de 18 anos de idade que estava descobrindo que caminho seguir na vida, era uma pessoa do bem e se encaixava naquilo que tínhamos pensado inicialmente. Entretanto, nós mesmos havíamos errado na definição do perfil de colaborador que precisávamos contratar.

Sua experiência com a gente acabou sendo curta, bem como o tempo de vida do clube e loja nos meses seguintes.

Minha principal atividade enquanto fundador do CNC deveria ter sido marketing e vendas. Isso era parte das minhas atribuições, mas, como mencionei antes, eu também fazia muitas outras coisas do dia a dia do negócio.

O papel do Leo era fundamental para trazer a maturidade logística que o negócio exigia. Teríamos mais chances de sucesso ao ter alguém dedicado às soluções dos problemas que nos trariam grandes ganhos ao serem resolvidos. E a logística sempre foi o problemão do CNC. Além disso, sua expertise em análise de dados, sistemas integrados de gestão e controles financeiros era primordial para o negócio a longo prazo.

Todo o restante deveria ter sido delegado a partir do momento que entendemos como aquelas atividades funcionavam e a necessidade da execução delas.

Nosso erro na primeira contratação não deveria ter se tornado um problema, mas sim um aprendizado. Teria bastado continuar o processo de busca e formação de equipe com outras pessoas. Ou, ainda, poderíamos ter sido mais pacientes e investido na formação e capacitação do estagiário que tínhamos contratado justamente com o objetivo de treinar.

Lembra que eu tinha pedido ao Leo para reavaliar sua participação no negócio? Pois é, nossa dura conversa havia ocorrido semanas antes da dura conversa com o estagiário. As semanas seguintes antecederam a nossa participação no evento que mudaria o futuro dos nossos negócios.

16. BIERTERIA

Preciso falar sobre um de nossos assinantes do Cerveja na Caixa.

O Dalmo Marcolino era um daqueles assinantes que tinham chegado através da divulgação boca a boca.

Eu havia participado de um curso para certificação em Gestão de Mudanças Organizacionais alguns meses após a minha demissão. Naquele ano, estava nos meus planos obter uma certificação na área em que eu estava trabalhando. Eu queria criar um negócio novo, mas não tinha certeza se iria conseguir. Portanto, parecia prudente dar continuidade à consolidação do conhecimento que eu havia obtido nas áreas em que realmente trabalhava.

Durante o curso, em um daqueles momentos em que o professor interage com a turma e pergunta o que cada aluno faz da vida, mencionei que estava construindo um clube de assinatura de cervejas artesanais brasileiras.

A turma ficou espantada, afinal, a maioria do público-alvo do curso era formada por pessoas daquele mundo corporativo que eu estava abandonando (ou já havia abandonado).

Um dos alunos, o Fábio Mourão, um grande entusiasta de metodologias ágeis, gostou da ideia e veio conversar comigo. Segundo ele, um amigo dele que gostava de cerveja artesanal iria adorar.

Naquela época, em 2014, nosso site era apenas uma *landing page* com um campo para captura de e-mails, suficiente para podermos fazer contato com os interessados em um momento futuro. E foi basicamente o que aconteceu ao divulgar o negócio naquela ocasião.

Meses depois do curso, o Dalmo, amigo do Fábio, ficou sabendo do lançamento do clube e efetivou sua assinatura.

Ele havia deixado uma mensagem ao se cadastrar, falando que também era da área de TI e que havia aprendido a fazer cerveja há um tempo. Ele achava a ideia do clube sensacional e, de fato, seu e-mail era muito motivante.

Recentemente, compartilhando com ele a ideia de escrever esse livro, Dalmo me contou que havia guardado sua primeira nota fiscal de compra do clube, ainda emitida manualmente. Ele acreditava que nosso negócio se tornaria muito grande no futuro.

Bom, voltando à história, o Dalmo continuou se comunicando comigo e eventualmente nos dava feedback sobre sua experiência como cliente e assinante.

Um belo dia, recebo uma mensagem dele perguntando se podíamos marcar para tomar um chope, pois ele queria trocar uma ideia sobre uma cerveja que queria lançar, e talvez eu pudesse ajudar.

Aceitei o convite e me encontrei com o Dalmo e a Marília, sua esposa e sócia, e conversamos sobre nossas ideias por algumas horas.

O Dalmo queria lançar uma cerveja explorando o modelo de produção cigana, isto é, produzindo sua cerveja na fábrica de terceiros.

Naquela época, havia apenas duas fábricas produzindo cervejas artesanais na cidade do Rio de Janeiro. Eu morava bem próximo às duas, em Jacarepaguá. A Cervejaria Fraga, em Vargem Grande, onde o mestre cervejeiro Sérgio Fraga havia me recebido muito bem uns meses antes, não trabalhava ainda com cervejeiros ciganos. Eu também já tinha visitado a Allegra, aquela cervejaria ao lado da minha casa. Eles só tinham vaga no calendário de produção dali a seis meses. Achar uma fábrica com capacidade ociosa, mesmo em outras cidades, era algo difícil.

Naquela época, o Dalmo, trabalhava em uma multinacional de tecnologia e também não tinha tempo livre para pesquisar o mercado a fundo e colocar sua ideia em prática.

Em contrapartida, exatamente naquele momento, eu estava investindo meu tempo em explorar e entender o mercado. Viajar, conhecer fábricas, experimentar cervejas, ir a eventos cervejeiros locais e em outros estados era o meu trabalho.

E, quem diria, eu já estava começando a acumular conhecimento sobre o mercado.

Eu havia feito muito *networking* nos últimos meses trabalhando com o CNC, o que viria a ser muito valioso.

O Dalmo me perguntou se eu teria interesse em ser sócio no desenvolvimento da cerveja dele, uma vez que já havia testado a receita em casa e pensado em todo o marketing.

Ele precisava de ajuda para conseguir materializar a ideia, produzir a cerveja, divulgar, vender e entregar os pedidos aos seus primeiros clientes.

O Cerveja na Caixa podia ajudá-lo a viabilizar tudo isso.

Eu tinha como ajudá-lo.

Por outro lado, meu conhecimento sobre produção de cerveja era bem limitado naquela época, e eu não pensava em lançar a minha própria marca ainda. Digo ainda porque essa ideia já havia passado pela minha cabeça quando, meses antes, eu tinha conhecido o Caíque, da Cerveja Candanga, durante o curso de fabricação de cerveja caseira da Confraria do Marquês. Naquela ocasião, ele havia me dito que estava prestes a produzir sua própria receita em uma fábrica lá em Botucatu, São Paulo.

Produzir minha própria cerveja comercialmente era um projeto de longo prazo, a perder de vista. Mas a sociedade com o Dalmo poderia me ajudar a antecipá-lo, pois poderíamos dividir o trabalho, os investimentos e o risco. Se o projeto desse certo, seria bom para nós dois. Se desse errado, eu poderia aprender de maneira mais barata.

Havia uma oportunidade ali para ambos.

Nossos perfis tinham bastante afinidade, e poderíamos gerar novas oportunidades para nós mesmos.

O Dalmo também já havia empreendido no ramo de tecnologia anos atrás, assim como eu. Ele era vendedor por profissão e possuía anos de experiência em vendas para grandes empresas. A parceria com ele poderia funcionar bem, pois nossas habilidades se completariam.

Além disso, a Marília havia terminado uma formação como sommelier de cerveja e tinha disponibilidade para trabalhar no projeto.

Como eu estava dedicando meu tempo a desbravar aquele mundo novo, não achei má ideia iniciar uma sociedade com eles em um negócio paralelo dentro do mesmo nicho.

É claro que questionei se não seria loucura iniciar uma sociedade com pessoas que eu havia acabado de conhecer. Mas a experiência da sociedade com amigos tinha me trazido problemas sensíveis de lidar. Como tomar todas as decisões do negócio sem abalar as relações de amizade com meus sócios/ amigos?

Por sorte, o Trindade, o Diogo e o Leo continuaram sendo meus amigos depois de toda a epopeia do CNC. Mas eu estaria mentindo se dissesse que nossa relação de amizade também não mudou.

Eu me sentia mais confortável entrando em uma sociedade com o Dalmo e a Marília. Se não desse certo, cada um seguiria seu caminho, sem remorsos.

Não dei uma resposta positiva para o Dalmo logo de imediato. Havia outras variáveis a considerar, como recursos financeiros, tempo de dedicação e o compromisso que eu havia assumido com meu sócio no Cerveja na Caixa. Será que minha participação em outro negócio iria atrapalhar minha sociedade com o Leo? Também era algo a considerar.

Eu não estava preocupado com o fato de não possuir expertise na área de produção de cerveja naquele momento. Minha preocupação estava mais relacionada ao dilema da dedicação ao projeto.

Eu estava sofrendo com a ausência de meus sócios no dia a dia da empresa e não queria me tornar o sócio ausente naquele novo negócio com o qual pensava em me comprometer. Também não poderia me dedicar demais a uma nova empreitada e ficar sem tempo para o meu próprio projeto.

Então, tive que amadurecer a ideia um pouco mais, fazer as contas com calma em casa e ver se seria viável investir em mais um negócio.

No entanto, eu havia me prontificado a ajudá-los, independentemente de fazer parte da missão de lançar uma cerveja.

Àquela altura, eu já tinha visitado dezenas de fábricas e conhecido muita gente do meio cervejeiro. Bastava ativar minha rede de contatos e conectar as partes.

Poucos meses antes de conhecer o Dalmo, eu havia conhecido um mestre cervejeiro, ou melhor, uma família de mestres cervejeiros que seria muito importante para os passos que eu daria no ano seguinte.

Seria impossível contar a história da Apa Puta Que Pariu, da Cervejaria Aqueles Caras, do Cerveja na Caixa e até mesmo da Bierteria, sem mencionar o nome da Cervejaria Los Dias.

17. LOS DIAS

Antes de começar a falar sobre a Los Dias, preciso lembrar de um amigo que também teve um papel muito importante na minha jornada no mundo cervejeiro.

O Renato Guedes, na verdade, teve um papel fundamental na fecundação da Cervejaria Aqueles Caras.

Ele poderia ter sido um de nossos fundadores, mas infelizmente, ou felizmente, também estava muito bem empregado e avançando em seu plano de carreira.

E como eu já estava vivendo o dilema da dedicação com o Leo, o Trindade e o Diogo, imaginei que iria passar pelo mesmo problema se o chamasse para participar daquela aventura.

Eu havia trabalhado com o Renato na EY, e tínhamos viajado juntos para diversas cidades do sul e centro oeste do país em um projeto de auditoria de produção de soja. Tínhamos desenvolvido uma amizade ao longo dos anos e a mantivemos mesmo depois que deixamos de ser colegas de trabalho.

Em 2014, o Renato e sua namorada Thaís decidiram se casar, e fui convidado para a festa de casamento em Taubaté, SP, a cidade natal dos dois.

Nessa época, eu já estava fazendo a pesquisa de mercado do CNC e aproveitei a viagem para procurar microcervejarias naquela região.

Seria uma viagem longa, entre 5 e 6 horas de duração, saindo do Rio de Janeiro. Passaríamos por muitas cidades, eu pensava que, certamente, poderia encontrar alguma cervejaria pelo caminho.

Combinamos com a Patrícia e o Bernardo, nossos amigos em comum, de irmos juntos mais cedo, ficar no mesmo hotel e aproveitar uma parte do dia experimentando cervejas artesanais antes da festa.

Aliás, vale dizer que tanto a Paty quanto o Bê também teriam sido ótimos sócios, devido às suas habilidades e à aptidão ao empreendedorismo. Mas ambos estavam muito bem empregados.

Foi nessa história que, ao procurar cervejarias no Google Maps, eu havia encontrado a Cervejaria Los Dias, uma microcervejaria localizada exatamente na cidade do Renato.

Mandei um e-mail para eles, dizendo que estava criando um clube de assinatura de cervejas artesanais brasileiras e queria conhecer a fábrica e suas cervejas.

Recebi a resposta e marcamos um horário para dar uma passadinha por lá no dia do casamento do Renato.

Após 500 km de estrada, chegamos ao hotel, fazemos o check-in e partimos direto para a cervejaria. Fomos muito bem recebidos pelos irmãos Melissa e Alex e pelo pai deles, Carlos Dias, o idealizador e mestre cervejeiro da Los Dias. Na verdade, estamos falando aqui de uma família de mestres cervejeiros.

Passamos uma tarde incrível degustando as cervejas produzidas por eles e ouvindo suas histórias. Eu me senti lisonjeado, de certa forma abençoado, por poder estar ali, sendo bem recebido, experimentando várias cervejas e, ao mesmo tempo, trabalhando.

Lá estava eu com meus amigos, apreciando cervejas extraordinárias e conversando com os mestres cervejeiros sobre o processo de produção das suas receitas. Fiquei pensando nas possibilidades de viver de fazer cerveja. Como era maneira a ideia de ter uma família inteira vivendo em torno de um negócio de produção de cerveja.

Pensava em como eu poderia ajudar, acrescentar valor de alguma forma como parte do meu trabalho no Cerveja na Caixa.

Eu imaginava que, pontualmente, poderia solucionar o problema de distribuição que fazia com que as cervejas Los Dias fossem vendidas apenas na região onde a planta fabril da cervejaria estava instalada.

— Por que vocês não vendem as cervejas no Rio de Janeiro? — perguntei ingenuamente, tentando entender quais eram as dificuldades em torno da distribuição daquele produto de qualidade tão excelente pelo país.

Muitos devem achar que a resposta era simples. Custo logístico, correto?

Correto, o alto custo faz parte do problema.

Mas qualquer produto possui custos logísticos. Para ser transportada de um lugar para o outro, uma mercadoria sempre vai demandar custos de transporte.

A distância entre a fábrica em Taubaté e o mercado consumidor do Rio era grande, mas eu consumia cervejas de outros estados mais distantes com frequência.

Por que cervejarias pequenas como a do Carlos Dias, capazes de produzir cervejas com tanta qualidade, não estavam vendendo seus produtos nos grandes mercados consumidores?

Era um problema relacionado mais a esforço de venda ou a logística?

Será que era um problema de "braço", isto é, a cervejaria era pequena, com poucos funcionários? Faltava gente para trabalhar, produzir, vender mais e levar as cervejas para outros pontos de venda?

Qual era a capacidade de produção mensal da cervejaria?

Havia espaço para produzir mais ou já estavam com a capacidade esgotada atendendo apenas o mercado local?

Eu tinha uma série de questionamentos e, naquela tarde, o pessoal da Los Dias dedicou o tempo deles a compartilhar experiências comigo.

Havia capacidade de produção ociosa.

Eles já estavam produzindo alguns milhares de litros por mês, mas poderiam produzir mais apenas com os equipamentos existentes. Além disso, parecia haver espaço para adicionar mais fermentadores, embora na época eu ainda não entendesse que o tamanho da cozinha era um limitador.

Como eu poderia resolver aquilo?

Eu via no clube a solução para esse tipo de problema.

Eu poderia gerar uma demanda previsível para eles, combinando com antecedência que determinada cerveja faria parte de uma caixa do mês.

As vendas através do clube não teriam impacto na demanda local, que eles continuariam atendendo como faziam antes. Eu não compraria cerveja deles para revender para seus clientes na região de Taubaté ou redondezas.

A demanda gerada pelo clube traria novos clientes para a Los Dias e levaria a marca e a cerveja deles para consumidores em outros estados.

E eles não teriam que se preocupar com a logística, nem com o esforço de venda, pois nós mesmos buscaríamos e entregaríamos as garrafas, que teoricamente já sairiam da fábrica com endereço certo de entrega.

Saímos da Los Dias quase bêbados e fomos para o casamento. Sinceramente, não lembro bem o que fizemos no dia seguinte, portanto, vou voltar para a história do Mondial de la Bière no capítulo a seguir.

Ah, mas antes disso, preciso lembrar que, quando visitamos a Los Dias pela primeira vez, o Cerveja na Caixa ainda não existia (era só uma *landing page*), muito menos a Cervejaria Aqueles Caras.

Quando o clube finalmente foi lançado, entramos em contato novamente com o Alex Dias para encomendar as caixas da cerveja de que mais havíamos gostado. Começamos o clube com rótulos de outras cervejarias, mas já estávamos planejando as caixas dos meses seguintes.

A Los Dias Pinhão, feita com esse fruto típico daquela região, havia chamado nossa atenção. Não apenas pelo sabor e as características sensoriais trazidas pelo fruto e pela levedura belga, mas também pela questão das características locais, inserida na cerveja de maneira tão bem executada. Era o tipo de cerveja diferente, regional, que queríamos entregar aos nossos assinantes.

Colocamos a cerveja feita de pinhão em uma de nossas caixas do mês e enviamos uma garrafa para a Maria Cevada experimentar e avaliar.

Publicávamos todas as nossas avaliação no site, nas *newsletters*, nos folders impressos e nas redes sociais. A Amanda também postava sobre as cervejas avaliadas em suas redes.

Em pouco tempo, recebemos um e-mail do Alex, agradecendo por termos colocado a cerveja deles no clube e dizendo que isso já havia tido um efeito positivo. Ele estava recebendo mais contato de pessoas de outros estados do que o normal, principalmente via internet. Segundo ele, a presença da Los Dias ainda era pequena nas redes sociais, e a ação do Cerveja na Caixa com a Maria Cevada havia trazido outros clientes além dos nossos assinantes.

Nas nossas primeiras conversas sobre a capacidade de produção ociosa da cervejaria, ele já havia dito que não tinha muito interesse em trabalhar com cervejarias ciganas, pois tivera uma má experiência com esse tipo de coisa.

Na época, eu havia cogitado essa possibilidade, mas não tinha intenção real de produzir.

Eu questionava se a produção para terceiros não poderia ser a solução para a fábrica funcionar mais próxima da capacidade total. Assim, bastaria direcionar as cervejarias ciganas ou os cervejeiros que eu conhecia para eles para resolver o problema de muitas pessoas.

No entanto, após a ação do CNC, o Alex mencionou que eu seria bem-vindo a produzir com eles quando me sentisse pronto para criar a minha própria cerveja.

Fiquei lisonjeado, mas não tinha a menor pretensão de produzir uma cerveja minha em larga escala.

18. CONFRARIA DO MARQUÊS

Em novembro de 2014, participei de um curso de fabricação de cerveja caseira com meu amigo Renato Guedes, na Confraria do Marquês, onde acabei conhecendo o Caíque Costa.

Era para eu ter feito esse curso uns meses antes, quando a Nathália, que trabalhava comigo, tinha me chamado para participar junto com o seu marido naquela época. Mas era aquela época em que eu não tinha tempo para nada.

Passei a acompanhar os e-mails da Confraria e planejava dar o curso de presente para o meu pai, mas casar o calendário com uma ida dele ao Rio era difícil. Basicamente, o curso era realizado uma vez por mês ou a cada dois meses, no centro da cidade, e as novas datas surgiam eventualmente.

Eu havia retornado recentemente de uma viagem ao Rio Grande do Sul, onde visitei muitas cervejarias, e estava na iminência de lançar o Cerveja na Caixa.

Eu tinha desenvolvido a vontade de aprender a fazer cerveja e dar os primeiros passos no processo de produção caseira, e o curso da Confraria cairia como uma luva.

Chamei alguns amigos para participarem comigo, e o Renatinho foi o único a topar. Um motivou o outro, e assim fomos.

Passamos o sábado inteiro prestando atenção e fazendo anotações sobre tudo o que os professores nos ensinavam. Como a aula misturava teoria e prática, naquele dia mesmo participamos da brassagem de uma cerveja, interagindo bastante entre cada etapa do processo.

No intervalo, conheci um cara que disse já ter feito aquele *workshop*, mas que costumava ir às turmas seguintes para trocar ideias com os professores. O Caíque, que também é mestre em artes marciais, tinha muitas histórias engraçadas para contar, e acabei guardando o contato dele.

Em uma dessas histórias, ele contou ter ganho da sua cachorrinha o dinheiro para comprar o equipamento para fabricar cerveja em casa. Segundo ele, a Fuça havia fugido e voltado com um saco plástico na boca. Ao abri-lo, o Caíque encontrou um pouco mais de mil reais. Sem poder perguntar onde a Fuça tinha achado aquilo ou quem era o dono, ele acabou utilizando o dinheiro para comprar suas primeiras panelas e equipamentos para fazer cerveja. Se a história era mesmo verdade ou não, jamais saberei, mas era muito engraçada.

Naquele dia, o Caíque também me contou sobre a existência de uma associação de cervejeiros caseiros chamada Acerva, a qual os associados se reuniam para trocar informações e compartilhar experiências. Infelizmente, só fui me associar ao grupo anos depois, na unidade regional de Cabo Frio.

Entre uma risada e outra, ele também disse que estava planejando produzir uma cerveja em uma cervejaria de verdade. Ele queria fazer uma American Pale Ale chamada Candanga, em homenagem à sua esposa, nascida em Brasília. No entanto, iria colocar a Fuça como mascote do rótulo. E foi exatamente o que ele fez.

Eu fiquei impressionado ao saber que alguém que havia participado daquele curso de fim de semana há apenas três meses já seria capaz de ir para uma fábrica e fazer sua própria cerveja.

Apesar da história inspiradora que o Caíque havia me contado naquele dia, eu não cogitava realizar qualquer produção em larga escala. Pelo menos não tão cedo.

Eu queria fazer cerveja por diversão.

Nessa época, eu ainda não conhecia a Los Dias, onde acabaria produzindo a Apa Puta Que Pariu, no ano seguinte. Muito menos a Cervejaria Cuesta, onde, segundo o Caíque, seria possível produzir minha primeira cerveja comercial com auxílio de seus mestres cervejeiros.

Naquele momento, e mesmo meses depois, eu não achava que tinha condição alguma de criar uma receita de cerveja, cuidar de todas as etapas de produção e, ao final, sair com um excelente produto nas mãos. Mas a ideia de produzir algo comercial em uma fábrica de terceiros, com o apoio de profissionais experientes, fazia sentido.

Inicialmente, eu participara do curso com a intenção de aprender ao menos o básico sobre o processo de produção de cerveja artesanal, para fazer minha cerveja em casa da forma mais simples possível.

Ao mesmo tempo, eu estaria obtendo conhecimentos que seriam úteis para a minha nova jornada, uma vez que o negócio que eu queria começar, o clube de cervejas, era voltado a ajudar empreendedores desse setor. Eu não tinha intenção de me tornar um Mestre Jedi Cervejeiro ou andar por aí sendo um *beersnob*.

Queria fazer o curso, dividir o custo dos equipamentos com os amigos e ter algo legal para fazer com eles e nossas famílias nos momentos de lazer.

Entretanto, saí daquele curso com o aprendizado e com uma semente plantada na cabeça.

19. CERVEJARIA CIGANA: O MODELO DE NEGÓCIO DE PRODUÇÃO TERCEIRIZADA

Nessa história de ajudar o Dalmo e a Marília a encontrar uma fábrica para brassar a cerveja deles, eu já estava com a imagem da fábrica da Los Dias fixada em minha cabeça.

Eu poderia ajudar duas pessoas a resolver um problema em comum. O Alex poderia alugar sua capacidade ociosa para o Dalmo, que, por sua vez, precisava de uma fábrica como a Los Dias para produzir sua receita.

Entrei em contato com o Alex, falei um pouco sobre o projeto da Bierteria e disse que queria levar o Dalmo e Marília à Los Dias para eles se conhecerem e conversarem pessoalmente.

E lá fui eu, ou melhor, nós, para a Los Dias mais uma vez.

Queríamos conversar com o Alex sobre a produção de um tanque inteiro de uma cerveja do estilo Red Ale, seguindo uma receita que o Dalmo havia produzido em casa.

O Dalmo já havia pensado no nome da cerveja, tinha a ideia do rótulo e já tinha visualizado uma linha inteira de produtos seguindo sua ideia de marketing.

O maior problema para ele, naquele momento, era achar uma fábrica onde pudesse executar a receita de forma profissional, seguindo todas as regras sanitárias necessárias para obter os devidos registros da cerveja e poder comercializá-la legalmente. Em outras palavras, ao produzir na Los Dias, utilizando a capacidade ociosa da fábrica, o Dalmo poderia ter sua própria marca de cervejas artesanais, com seus rótulos contendo os devidos registros no MAPA (Ministério da Agricultura) e podendo ser comercializados e escalados sem problema.

Mas, se é possível fazer cerveja em casa, por que não fazer o teste de aceitação com sua produção caseira? Você deve estar se perguntando isso.

Ao contrário do que muita gente pensa, infelizmente, a venda de cerveja caseira ainda é proibida no Brasil.

Produzir cerveja em casa segue os mesmos conceitos da produção em um ambiente de fábrica. O processo é basicamente o mesmo. A higiene, por exemplo, é primordial em qualquer cenário.

A cerveja é um dos produtos mais delicados que eu conheço. Qualquer contaminação durante a etapa de fermentação pode resultar em um produto de péssima qualidade e impróprio para consumo. O ambiente de produção precisa ser extremamente limpo em qualquer lugar. E se a cerveja for produzida em um ambiente sujo, com equipamentos sujos, sem cuidados adequados de limpeza e sanitização, você pode ter certeza que não sairá cerveja alguma que preste dali.

Assim sendo, uma forma de se enquadrar rapidamente na legislação, atender os requisitos para produzir uma receita de cerveja e poder comercializá-la normalmente é através do modelo de produção cigana. Nesse formato, o cervejeiro leva sua receita e insumos para uma fábrica de terceiros e utiliza as instalações existentes e a capacidade ociosa para produzir sua própria cerveja.

Basicamente, o que diferencia uma cerveja artesanal de uma cerveja caseira é que as ditas artesanais são produzidas em ambientes fabris controlados, que são inspecionados de forma rigorosa, seguem uma série de regras sanitárias e somente com aprovação do MAPA recebem permissão para funcionar.

Isso significa que, para cumprir os requisitos legais para comercializar uma cerveja, é preciso produzi-la em uma fábrica que tenha o seu próprio registro no MAPA e possa dar entrada no pedido de emissão de novos registros para cada rótulo.

Uma das grandes vantagens de produzir como cervejeiro cigano é justamente não ter que investir na construção de uma planta fabril e passar por todo o processo de homologação, obtenção de registros, autorizações e licenças necessárias para operar uma fábrica de cerveja legalmente. Há ainda questões como o período de *ramp-up*, que é o tempo necessário para que uma fábrica, seus funcionários e seus processos alcancem um bom desempenho, mas isso não vem ao caso agora.

O que quero dizer é que abrir uma fábrica é um projeto complexo, trabalhoso e custoso. Você precisa saber bem o que está fazendo ou estar muito bem assessorado, para não correr o risco de construir algo que não atenda aos requisitos mínimos legais de funcionamento, que não tenha desempenho satisfatório ou que você não seja capaz de operar e administrar.

É claro que suas margens serão menores quando você produz como uma cervejaria cigana. Entretanto, seu trabalho, esforço operacional, investimento e risco, entre outros fatores, serão menores também.

O ideal, de certa forma, é que toda cervejaria cigana tenha em seu *roadmap* o objetivo de um dia virar fábrica. Porque, obviamente, também há uma série de outras desvantagens em ser cervejeiro cigano, como eu fui em todo o tempo de existência da Cervejaria Aqueles Caras.

Mas o "estágio" como cervejaria cigana é necessário para que a ideia seja testada e validada.

E se ninguém gostar da pegada da sua marca? E se sua marca falar com poucas pessoas ou não engajar consumidores? E se suas receitas forem péssimas? Seja qual for o ramo, ao começar um negócio com o modelo de produção terceirizada, é possível validar a aceitação de um produto com baixos investimentos. Bom, teoricamente, pois uma empresa pode certamente gastar muito mais dinheiro do que outra para testar a mesma ideia.

Observe que, no processo de criação da Bierteria, o Dalmo tinha uma ideia de produto. Ele poderia ter partido de imediato para a construção de uma fábrica para produzir o seu produto idealizado. Ele poderia ter criado logo um bar ou *brewpub* com a própria marca.

Mas quanto custaria e quanto tempo levaria até que o Dalmo finalmente pudesse ter seu produto registrado envasado, produzido na sua própria fábrica e servido no copo do cliente, caso ele decidisse começar por esse caminho?

Quantos recursos financeiros, tecnológicos e humanos seriam necessários para fazer tudo isso acontecer?

E, se após todo o processo de construção dessa estrutura, ele descobrisse que o produto dele tinha baixa demanda e exigia um esforço inviável de marketing e propaganda para atrair vendas?

Quanto custam o erro e o aprendizado em cada um desses cenários?

Se você é um empreendedor experiente, com acesso a recursos abundantes, talvez possa partir com tudo para a construção de uma planta de fábrica ou uma empresa extremamente bem estruturada.

Mas começar um negócio novo envolve riscos, e quanto mais você puder mitigá-los, melhor.

Lançar uma cerveja através de produção sob encomenda, terceirizada ou cigana, como você quiser chamar, é uma forma de reduzir riscos, principalmente para quem está estreando no mercado de bebidas. Isso vale inclusive para bebidas não alcoólicas. Se o negócio não der certo, você simplesmente para de produzir, elimina o estoque remanescente, e fim.

Entretanto, se você tiver sucesso de vendas ao produzir sua primeira leva, poderá aprender sobre o mercado enquanto comercializa seu produto. Produzirá outras levas, testará novas receitas, coletará feedback do consumidor, adaptará seu produto de forma a atender as expectativas do público. Terá uma linha de produtos mais sólida e poderá aumentar seus investimentos gradativamente. O investimento de tempo e dinheiro na construção de uma fábrica, um *brewpub*, um armazém ou um ponto de venda próprio ocorrerá por necessidade de negócio e não por achismo ou vaidade.

Na epopeia para levar seu produto ao mercado, você também iniciará novos relacionamentos com clientes B2B, entenderá melhor o seu cliente B2C e terá muito mais clareza sobre quais serão as melhores decisões para seu negócio.

Será que você deve focar em vender diretamente ao consumidor final ou ao ponto de venda? Será que, para seu modelo de negócio, direcionar os produtos a pontos de venda que irão revendê-lo é mesmo o melhor caminho?

Que margens seu produto precisa ter para sustentar o custo de venda e ainda trazer lucro à empresa?

Todas essas questões são normalmente elucidadas em um plano de negócio ou são previstas no planejamento estratégico de uma empresa. No entanto, precisamos saber validar esses números fora das planilhas de Excel, no mundo real.

Sabendo entregar o que o mercado precisa, baseado na interação real com o público, você certamente terá condições de assegurar seu *ROI*, isto é, o retorno do seu investimento no tempo adequado, conforme seu planejamento.

Lembro de outra cervejaria cigana que conheci na época em que já estava operando com a Cervejaria Aqueles Caras. Ainda que tivessem começado com essa modalidade, que teoricamente exige baixo custo de investimento, a cervejaria havia fechado as portas com um enorme prejuízo.

Eles haviam feito tudo certo, aparentemente. Investiram na identidade visual da marca, tinham uma receita diferente, com adição de damasco na composição. Construíram câmara fria, compraram dezenas de barris de inox (que são ativos importantes nesse negócio), investiram em uma *beer bike* de ponta, muito bem decorada e equipada com uma chopeira naja que chamava atenção.

Os sócios trabalhavam bem a cerveja, pois eu via suas garrafas em muitos bares.

Tinha tudo para dar certo, exceto pelo seguinte fato: a cerveja deles não vendia.

Talvez eles não tivessem feito nenhum trabalho de entendimento de público alvo, criação de *personas* ou avatares, antes de desenvolverem o produto. Ou talvez até tivessem investido bastante tempo na criação da marca, mas se basearam em hipóteses equivocadas.

Não é minha intenção aqui tentar julgar ou destrinchar os motivos que faziam com que a cerveja deles não tivesse uma boa saída. Imagino algumas possibilidades, visto que uma de minhas atividades preferidas quando visitava pontos de venda era tentar entender o que estava vendendo bem e o que não estava.

Ao investir tempo conversando com os vendedores nos bares e lojas que vendiam a minha cerveja, eu conseguia entender mais o que o mercado demandava, o que dava certo e o que dava errado.

Havia algum problema com a mensagem daquela cerveja que, de uma forma geral, impedia as pessoas de se conectarem com o rótulo.

Os arquétipos aos quais aquele rótulo me remetia também não gerava interesse em me conectar com ele. Talvez eu não fosse o seu público-alvo.

Mas se eu, consumidor de cervejas artesanais, não era o público-alvo, quem seria então?

Eu não sei, só sei que o público que frequentava os bares e lojas não estava se interessando por aquela cerveja. E quando eu perguntava, nos pontos de vendas, o que andava vendendo mais e qual rótulo era difícil de girar, algumas vezes ouvia o nome daquela cerveja entre as respostas à segunda pergunta. Os vendedores e donos de estabelecimentos relatavam que ela era boa, mas exigia um esforço de vendas maior do que o normal.

Eu não sei quais motivos reais levaram aquela cervejaria a encerrar as atividades. Acredito que os empreendedores também tenham tido a chance de realizar seu teste e, diante dos resultados, tomaram a decisão que pareceu mais acertada.

O que eu quis exemplificar é que o modelo de negócio de produção cigana, mesmo sendo aparentemente fácil de executar, não possui uma fórmula mágica de sucesso. Não há fórmula mágica para ramo algum. No entanto, se os empreendedores estiverem considerando premissas de prototipagem em seu ciclo de desenvolvimento de produto, provavelmente as chances de sucesso serão maiores, bem como o risco tenderá a ser menor.

O raciocínio é simples: o quanto antes você falhar, mais rápido vai se ajustar, ajustar seu produto e sua empresa ou descobrir que é melhor interromper as atividades e partir para sua próxima ideia.

O que eu quero observar aqui é que você precisa ficar atento ao custo do aprendizado. Quanto custa falhar em seu projeto? Esse custo varia de acordo com o empreendedor, não necessariamente com a ideia de negócio.

Nesse cenário, se os empreendedores estiverem considerando as premissas dos fundamentos da *startup* enxuta em seu ciclo de desenvolvimento de produto, entenderão que falhar mais cedo significa perder menos dinheiro, ou dinheiro nenhum.

Quanto custa executar uma ideia?

O custo varia de empreendedor para empreendedor.

Por exemplo, uma pessoa pode pensar que, para testar um clube de assinatura de cerveja, é necessário investir milhões de reais contratando funcionários, desenvolvendo um site, comprando licenças de software, construindo um centro de distribuição, adquirindo estoque e frotas de carros ou caminhões para entregas em regiões estratégicas.

Mas esse é o cenário do negócio em um momento futuro, considerando que houve aceitação do produto, crescimento e amadurecimento da empresa. Não é o cenário de uma *startup* ou de um pequeno negócio em início de atividades.

Para começar um negócio ou simplesmente testar uma ideia, você não precisa investir de imediato na estrutura de que vai precisar quando seu negócio estiver consolidado. Eu comecei o clube construindo uma *landing page* em uma ferramenta barata e fácil de usar chamada *Webflow*. Estava longe, bem longe, do necessário para construir um e-commerce de verdade. Mas conseguimos começar com aquele site extremamente simples.

O Caíque, com uma estrutura extremamente enxuta e nenhum investimento em marketing, conseguia vender muito mais cerveja do que a outra cervejaria, que havia produzido apenas uma vez em todo seu tempo de existência, mas cujos donos tinham investido uma grana considerável em uma estrutura inicial que ainda não era necessária. Eles ainda não tinham gerado demanda, e a demanda não veio em tempo hábil.

Os caras que criaram o *Groupon*, que foi vendido por mais de um bilhão de dólares, operaram durante os primeiros meses criando os vouchers de desconto no Word, salvando-os em PDF e mandando por e-mail um a um aos seus primeiros clientes. Somente quando esse processo se tornou inviável, devido ao sucesso de suas ações de desconto, é que os sócios investiram na construção de um site.

TENHA CERTEZA DE QUE VOCÊ PODE COMEÇAR SEJA LÁ O QUE FOR DE UMA FORMA MAIS SIMPLES, MAIS ENXUTA.

Aliás, você deve começar um negócio da forma mais simples possível, principalmente se estiver iniciando também a sua jornada como empreendedor.

No meu caso, estrear no nicho de cervejas artesanais brasileiras foi a forma que encontrei de começar simples. Ainda que eu tenha descoberto com o decorrer do tempo que a manutenção do crescimento do negócio não seria tão simples como eu havia planejado, começar simples me permitiu aprender com baixo risco.

Baseado nessa experiência de empirismo, digamos assim, eu entendi que poderia aplicar o aprendizado obtido construindo um negócio na construção de outro, dentro do mesmo nicho.

20. MONDIAL DE LA BIÈRE

Como disse lá atrás, não dá para falar de Bierteria sem mencionar o Mondial de la Bière, assim como não é possível falar desse evento sem continuar a contar a história com a Bierteria.

A essa altura, já havíamos acertado, o Dalmo e eu, produzir nossa primeira cerveja na Los Dias. O nome do rótulo e o estilo seriam os que o Dalmo havia idealizado junto com a Marília. Eu também tinha achado a ideia da Bierteria maneira, e eles tinham uma linha de raciocínio consistente em relação ao conceito da marca que queriam criar.

Inicialmente, a cerveja DR seria a primeira de uma linha de cervejas com temática voltada às relações do cotidiano e ao consumo da cerveja artesanal entre casais. Eu também costumava experimentar cervejas com a minha esposa, portanto, me identificava com a pegada cômica e descontraída do projeto.

Começamos a nos reunir com a designer que faria nosso rótulo. Quando decidi aceitar a proposta do Dalmo, ele já tinha avançado bastante na concepção do plano de negócio e do marketing. A Carol, uma profissional extremamente talentosa, tinha experiência na criação de rótulos para outros produtos, mas nunca havia feito nada especificamente para cerveja.

O Dalmo já havia "brifado" a Carol sobre como imaginava a marca, e na primeira reunião, uns meses antes do Mondial, avaliamos uma amostra do trabalho que ela estava executando.

Eu fiquei surpreso com a qualidade. Naquela época, o Cerveja na Caixa já estava crescendo, e eu estava acostumado a avaliar rótulos no dia a dia do negócio. Comparado a outros, aquele era um rótulo muito bem feito, ainda que tivesse detalhes a ajustar.

Enquanto o Dalmo seguia com as atividades relacionadas à construção da marca, eu continuava focado na produção da nossa cerveja na Los Dias.

Esse processo era simples, mas delicado, pois envolvia negociação de preço, condições de pagamento, prazos de entrega, definição dos insumos, programação da data de brassagem no cronograma da fábrica e entendimento sobre impostos, entre outras variáveis.

Paralelamente, o Dalmo veio com a ideia de tentar conseguir um espaço no evento Mondial de la Bière. Eu havia ido a edições anteriores como cliente, sabia que era sensacional, mas não tinha noção do quanto um espaço ali era disputado pelos expositores.

A estratégia era lançar a cerveja em um grande evento como o Mondial e atrair atenção para a marca logo de início.

Não estava nos meus planos participar do Mondial de la Bière de 2015 como um clube de assinatura ou loja virtual de cervejas artesanais. Ainda tínhamos outros problemas com prioridade alta a resolver, como a logística, por exemplo. De que adiantaria participar de um grande evento e depois não conseguir atender à demanda?

Víamos a participação em eventos offline como ações para o futuro. Isso porque, no meio online, era possível segmentar o esforço de marketing para atingir clientes nas regiões que podíamos atender. O esforço de marketing em eventos tradicionais não nos permitiria essa segmentação. E como os recursos eram limitados, preferíamos tentar gastá-los de forma mais certeira.

Bom, esse raciocínio é bastante superficial. Há trocentas outras variáveis estratégicas a considerar ao avaliar a participação de seu negócio em um evento de grande porte.

De qualquer forma, a sugestão do Dalmo havia plantado outras ideias na minha cabeça. O plano inicial era ir ao evento como "Cerveja na Caixa, trazendo ao mercado a Cervejaria Bierteria". Assim, poderíamos dividir os custos de participação no evento e beneficiar ambos os negócios. A principal fonte de receita do Cerveja na Caixa no Mondial seriam as vendas de assinaturas do clube. Ainda que o meu CAC (custo de aquisição de cliente) no evento fosse desconhecido, eu poderia ter ali um resultado excelente de aquisição de usuários.

Além disso, a participação no evento aumentaria minha visibilidade entre o nosso público-alvo. Consequentemente, teríamos um aumento nos acessos à loja virtual, o que poderia significar vendas futuras.

Já para o Dalmo, a principal fonte de receita viria da cerveja vendida no nosso stand, que seria a da Bierteria. Eu também teria participação nessa receita, pois estaria arcando com metade dos custos (e riscos) de produção.

A empolgação do Dalmo era contagiante.

Ele continuava insistindo com a área comercial do evento, fazendo um *follow-up* constante na tentativa de conseguir negociar um stand.

Até o dia em que conseguiu.

Ele me encaminhou os e-mails da gerente comercial e me pôs no circuito. As condições eram pesadas em relação ao que estávamos esperando. E se desse tudo errado? Começamos então a interagir com a gerente comercial da *GL Events*, empresa responsável pelo evento. Inúmeros e-mails com perguntas, ligações para esclarecer dúvidas, etc. Além das despesas com a organização do evento, ainda teríamos os custos para personalizar o stand, instalar chopeiras, contratar mão de obra, obter autorizações com a prefeitura, etc.

Descobrimos que participar de um evento como aquele exigia um esforço descomunal. Teríamos que trabalhar bastante para dar conta de tudo.

Fechamos o stand que nos foi oferecido. Não havia opção disponível, todos os outros já tinham dono no mapa do evento. Na verdade, o Dalmo fechou o stand, com toda sua insistência perante os organizadores do evento. Para ele, essa seria uma forma de não mais procrastinar a execução de sua ideia de negócio.

Dividimos as parcelas e realizamos os primeiros pagamentos.

Continuamos nos mexendo, e eis que surge outra ideia. Podíamos trazer outras pessoas para dividir os custos com a gente.

Lembrei do Caíque, do curso da Confraria, que tinha produzido a cerveja Candanga lá na Cervejaria Cuesta, em Botucatu. Comentei com o Dalmo sobre a possibilidade de trazermos a Candanga para o evento. O Dalmo curtiu a ideia e disse também ter outras pessoas que poderiam se interessar.

Perguntei ao Caíque se ele não tinha interesse em participar do evento com essa nova proposta, onde o CNC apresentaria os rótulos ao mercado através do nosso stand no Mondial de la Bière.

Ele se amarrou na ideia, obviamente. O Caíque é um dos cervejeiros mais guerreiros do Rio. Já havia lançado sua cerveja uns meses antes, mas a participação no Mondial com a gente seria muito positiva para a marca dele.

O Dalmo, por sua vez, tinha conversado com outro cervejeiro que também estava trabalhando na criação do seu próprio rótulo comercial.

A ideia era encarar o Mondial dividindo os custos do stand entre outros cervejeiros ciganos. Não víamos problema em dividir o espaço com outras cervejarias de um rótulo só, como a nossa. Na verdade, para vender chope nos quatro dias do evento, precisávamos ter mais variedade para atrair mais clientes.

O Iury e a Marta, da Cervejaria Malte Carioca, ficaram muito interessados em participar do evento e lembrou de um amigo que também poderia se interessar. O Leandro, da Cervejaria Valenciana, já estava produzindo cerveja em casa há bastante tempo e tinha desenvolvido a marca com a Adriana, sua esposa e sócia.

Marcamos uma reunião em um bar de cervejas artesanais no centro do Rio, o Carioquinha, com todos os envolvidos e, naquela noite, o alto custo de participação no evento deixou de ser um problema. Brindamos aquela nova parceria e seguimos para as próximas etapas.

Bom, alguns meses se passaram. Já havíamos confirmado com o Alex que iríamos produzir mil litros da nossa Red Ale próximo à data do evento. Como não tínhamos câmara fria para armazenar o chope, nossa ideia era produzir um mês antes e envasar a cerveja e o chope dois ou três dias antes do evento. Assim, o frete das garrafas e dos barris ocorreria da fábrica da Los Dias diretamente para as câmaras frias no local do evento, e não precisaríamos gastar com aluguel ou construção de uma câmara fria para realizar aquele teste.

Até aí, tudo bem, só que não foi exatamente assim que as coisas ocorreram.

A começar pelo fato de que, por um problema de fornecimento, o malte Carared que compunha a receita não estava disponível na semana em que pretendíamos produzir os mil litros de Red Ale que havíamos planejado.

Estávamos em uma situação complicada. Tínhamos sinalizado meses antes que queríamos realizar nossa produção naquela data. Entramos em contato algumas vezes, e não imaginávamos que fosse ocorrer qualquer problema quanto a isso.

Talvez esse tenha sido o problema. Apenas sinalizamos verbalmente, discutimos os termos e as condições comerciais, mas não formalizamos um acordo comercial. Eu havia falhado neste ponto.

Não fizemos o pagamento de um sinal, por exemplo. Não estabelecemos um contrato de produção ou termo de prestação de serviço, como ocorre em outros negócios.

De certa forma, era isso que queríamos, pois também não buscávamos entrar em contratos longos. Queríamos testar a ideia e não podíamos nos comprometer com um cronograma de produções mensais ao longo de 12 meses, por exemplo. Era um cenário de muitas incertezas. Queríamos realizar um teste do nosso protótipo, aprender com aquele produto mínimo viável e depois adaptar nosso modelo de negócio conforme o feedback do mercado, ou simplesmente desistir da ideia sem prejuízos relevantes, caso desse errado.

De certa forma, estávamos criando um produto, não necessariamente uma empresa. Ambos entendíamos que a construção de uma organização empresarial estruturada viria somente após a validação da nossa ideia.

Bom, se tivéssemos ao menos oferecido um percentual como sinal do pagamento da nossa ordem de serviço, o Alex teria certeza de que realmente iríamos produzir a nossa cerveja conforme o combinado.

É óbvio que sabíamos desses riscos. Mas, por excesso de otimismo, preferimos ignorá-los.

Assumimos o risco e a ideia de que seria tranquilo acertar os pagamentos quando estivéssemos próximos da data de brassagem da cerveja. E era mais ou menos assim que funcionava esse tipo de acordo em outras cervejarias do mercado. Quando decidimos começar, já era tarde.

Não dava mais para encomendar, cotar frete, agendar coleta e receber os insumos no tempo em que precisávamos. A brassagem tinha que acontecer naquela semana, e a cerveja ainda precisaria de tempo para fermentar e maturar perfeitamente.

O Dalmo ficou frustrado.

Ele tinha desenvolvido a temática do rótulo para uma cerveja do estilo Red Ale, e agora não poderia produzi-la.

O Alex propôs produzir algum outro estilo que pudesse ser feito com os insumos que ele tinha em estoque.

Era uma decisão difícil para o Dalmo, pois como eu disse antes, ele havia passado os meses anteriores desenvolvendo o marketing do seu primeiro rótulo para aquele estilo de cerveja.

Para você ter uma ideia de como era difícil conseguir uma cervejaria no Rio que trabalhasse com cervejeiros ciganos naquela época, as outras três cervejarias que iriam lançar suas cervejas com a gente também estavam produzindo em São Paulo.

A outra solução era buscar outras cervejarias que pudessem executar a receita da Red Ale. O Dalmo entrou em contato com a Cuesta, onde o Caíque estava produzindo, e, aparentemente, eles teriam condições de iniciar a produção naquela mesma semana.

O Dalmo então me ligou dizendo que não iria mais produzir na Los Dias e que havia conseguido um preço melhor na Cuesta para a produção. No entanto, a DR passaria a ser uma Witbier e, de uma forma ou de outra, ele precisaria readaptar sua ideia de marketing.

Eu não estava muito inclinado a produzir na Cuesta, pois a distância do Rio a Botucatu era ainda maior do que a Taubaté. Seria um complicador viajar para acompanhar a brassagem e depois voltar para acompanhar o envase, e teria um impacto bem grande no custo final do nosso produto. A diferença no preço da produção talvez não compensasse o custo alto do frete. Não que esses problemas não existissem ao produzir em Taubaté, mas me pareciam menores naquela época.

Além da preocupação com o alto custo do transporte, eu também queria dar seguimento às negociações que tinha iniciado com a Los Dias. Eu cultivara uma boa relação comercial com eles no período em que meu foco era somente a compra de garrafas para o clube e loja virtual.

Apesar de termos ficado na mão, eu entendia que houvera algum ruído na comunicação e na forma de negociarmos, e queria manter a nossa combinação.

Tirando este episódio da fase de construção da Bierteria, minha relação com a Los Dias até então sempre havia sido excelente.

Bom, o Dalmo tinha decidido seguir o melhor caminho para o negócio que estava tentando criar.

Eu tive que seguir o meu caminho. Poderia ter ido junto com o Dalmo, mas o negócio dele não precisava do Christian. Quando conheci o Dalmo pessoalmente, ele já tinha ideia de tudo o que queria fazer. Por algum motivo, seus planos ainda não tinham saído do papel.

Não que ele precisasse de um empurrãozinho para tirar ideia do papel. Talvez precisasse apenas de um exemplo para se inspirar. Ou de um compromisso assumido em contrato para não mais adiar seus planos.

Por termos um *background* semelhante de vida e carreira profissional, talvez eu tenha inspirado o Dalmo a empreender novamente, e em um ramo até então desconhecido para nós dois. Digo novamente porque tanto eu quanto ele já havíamos criado negócios na área de TI, mas deixamos nossas ideias de lado e fomos aprender no mercado, trabalhando nas ideias dos outros.

Empreendedor de longa data, o Dalmo sempre foi um cara automotivado, incansável. Ele já estava prestes a tirar a ideia do papel, e talvez minha passagem pela ideia de negócio dele tenha servido apenas como um contato eletrônico em um circuito integrado, transmitindo pulsos de energia de um ponto para o outro e fazendo as coisas funcionarem.

Sabe aqueles momentos em que você se cerca de pessoas que estão buscando evoluir na vida e acaba evoluindo também? Pois é, nessa história, nós dois evoluímos.

21. ENFIM, APA PUTA QUE PARIU

Durante o meu impasse entre a Los Dias e a Bierteria, comecei a me perguntar qual seria o problema em lançar um quinto rótulo no evento. Já que eu estava desembolsando dinheiro, tendo um puta trabalho na preparação para lançar quatro cervejarias ciganas, por que não aproveitava eu mesmo a oportunidade que estava gerando para outras pessoas?

O que me impedia de criar minha própria cerveja?

O que me impedia de criar um rótulo, uma marca, contar uma história?

Ah, é fácil responder.

Insegurança.

Eu não sabia fazer cerveja direito. Tinha feito um curso de fabricação de cerveja na panela, brassado uma cerveja, e só. Eu não era um mestre cervejeiro. Não tinha uma receita própria, criada por mim. Todas as receitas que eu conhecia vinham da internet, de blogs como o Homini Lúpulo e o Henrik Boden.

Claro, eu tinha também o conhecimento adquirido nos meses anteriores, visitando cervejarias e conversando com mestres cervejeiros. Mas ainda era insuficiente para me permitir ir para uma fábrica, executar uma receita e produzir uma cerveja com qualidade, isto é, fiel ao estilo e comercializável.

Talvez a insegurança tivesse travado o Dalmo por algum tempo. Mas, assim como o Christian havia ajudado o Dalmo a dar um passo adiante, o Dalmo também tinha ajudado o Christian a caminhar para frente. Não que um dependesse do outro para fazer qualquer coisa, mas a motivação de um tinha motivado o outro.

Eu estava naquele impasse. A Los Dias ainda poderia produzir um tanque de cerveja como havíamos combinado. O Dalmo e a Marília já podiam prosseguir sozinhos na criação da Bierteria.

Eu precisava ter mais fontes de receita durante o evento, além da venda de assinaturas. Afinal, o público vai ao Mondial de la Bière com o objetivo principal de experimentar cervejas.

Eu não fazia ideia de quantas assinaturas venderíamos no evento. Qualquer projeção seria um mero chute. O risco de um CAC astronômico era alto.

Eu nunca havia participado de um evento como expositor.

Estava explorando um negócio baseado em um plano com inputs fictícios, e a realidade do mercado era dura.

O impasse se transformou em oportunidade.

Eu poderia resolver vários problemas ao produzir eu mesmo com a Los Dias, sozinho. Reduziria, por exemplo, a preocupação que tinha de sair do evento com um prejuízo colossal, caso as vendas de assinaturas não fossem um sucesso. Teria mais uma fonte de receita e, apesar do mal-entendido, cumpriria a minha palavra e manteria o compromisso que havíamos firmado meses atrás.

Liguei para o Alex e expliquei que o Dalmo havia encontrado outra cervejaria para produzir sua Red Ale, e que tínhamos decidido não mais ser sócios.

Eu já tinha ideia de alguns estilos que queria brassar, afinal, meu site gerava muitos dados analíticos. Eu sabia quais estilos vendiam mais e quais encalhavam nas prateleiras.

Durante o impasse, tínhamos perguntado ao Alex o que dava para ser produzido com os insumos que ele já tinha em estoque.

Entre as possibilidades estavam uma American Pale Ale, uma Indian Pale Ale e outros estilos que levassem lupulagem americana e perfil de malte similar. Lembro que o Dalmo não havia desistido da Los Dias logo de cara. Chegamos a avaliar as características desses estilos com a temática de rótulo que ele havia elaborado, mas não combinavam bem. Nesse meio tempo, ele conseguiu fechar a parceria com a Cuesta e seguiu seu caminho.

Na minha loja virtual, o estilo American IPA ocupava o primeiro lugar no ranking dos mais vendidos. Já a APA, American Pale Ale, estava algumas posições atrás, até porque eu tinha uma variedade muito maior de IPAs no catálogo do Cerveja na Caixa.

Ao mesmo tempo, eu achava que produzir uma APA era mais interessante do que uma IPA, pois o estilo podia entregar o amargor e o aroma de que eu gostava em uma dose mais *user-friendly*. Meses antes, eu havia selecionado uma APA da qual tinha gostado muito para a caixa do mês, e agora vislumbrava fazer algo parecido. Com amargor moderado, a Foxy Lady, da Crazy Rocker, era uma American Pale Ale *single hop*, isto é, feita apenas com um uma variedade de lúpulo (*Cascade*), bastante aromática e que entregava uma experiência gustativa excepcional.

Com a cervejaria Bierteria, entendíamos que nosso público inicial não seriam os *beer geeks*, mas sim os iniciantes no universo das cervejas artesanais. Portanto, buscávamos um estilo que fosse mais fácil de beber por quem estivesse começando.

Lá estava eu, em São Pedro da Aldeia, passando o fim de semana na casa dos meus pais. Cresci naquela cidade e ainda tenho muitos amigos lá. Estava na casa de um deles, o Jonny, bebendo umas cervejas que eu havia levado. Sabe aquelas garrafas que encalhavam no site até expirar? Muitas eu conseguia vender em ações promocionais, mas outras eu mesmo "tinha" que beber. Enquanto experimentávamos aquelas cervejas excelentes, que talvez não saíssem simplesmente porque tinham um rótulo ruim, eu contava histórias dos projetos que estava executando.

Como já mencionei no início do livro, nessa época eu estava extremamente envolvido com o Cerveja na Caixa. Minha ruptura com o mundo corporativo ainda era recente, e eu não queria ter que voltar para ele. Não que eu não tivesse amado aqueles anos todos de reconhecimento na profissão, promoções na carreira, dinheiro certo todo mês, bônus no fim do ano, viagens internacionais, hotéis cinco estrelas, inúmeros treinamentos, inúmeros benefícios... Como já mencionei antes, era um *lifestyle* muito confortável.

Mas eu não queria mais enfrentar engarrafamentos diários para ir e voltar do trabalho nos horários de pico. Perdia de duas a três horas do meu dia, todos os dias, apenas para poder trabalhar mais 8 a 12 horas no sonho dos outros.

Não queria nunca mais ter que seguir ordens de chefes que não me inspiravam a ser uma pessoa melhor. Eu queria fazer o Cerveja na Caixa dar certo de qualquer maneira.

Então, eu respirava aquele negócio, falava sobre ele a toda hora, trabalhava nele o tempo todo. Aquilo havia se tornado a minha vida.

Conversa vai, conversa vem, e eu começo a falar sobre a possibilidade de criar minha própria marca de cerveja. Era a primeira vez que eu compartilhava aquele projeto com alguém que não fosse o Dalmo ou a minha esposa, e a ideia parecia surreal até mesmo para mim.

Ainda não era um projeto, apenas uma possibilidade, pois eu ainda não havia me decidido de verdade a fazer cerveja sozinho, e falar sobre aquilo parecia estranho.

Entre um copo e outro, começamos uma espécie de *brainstorming* de nomes que eu poderia usar, a maioria trocadilhos com os estilos de cervejas existentes.

Quem nunca bebeu uma cerveja com algum trocadilho no nome? Pois é, já tínhamos dado bastante risada quando a expressão "apa puta que pariu" me veio à cabeça. Rimos mais ainda, e um pouco depois, fui para casa dormir. Já era madrugada.

Acordei no dia seguinte com "apa puta que pariu" na cabeça. Passei o fim de semana inteiro processando a ideia, avaliando as possibilidades, considerando os impedimentos, imaginando como seria o rótulo e os julgamentos das outras pessoas, além de todas as outras variáveis que nos fazem ter medo de iniciar novos projetos.

Foda-se, pensei.

Vou tocar o foda-se.

Eu já havia mandado tudo para a puta que pariu mesmo, não tinha mais carreira, não tinha mais meu emprego dos sonhos. Eu havia decidido estar ali, exatamente onde estava, empreendendo. Eu precisava surfar a onda toda, e não havia hora melhor para cair no mar.

O que eu tinha a perder? Não muito.

Nada.

Se desse errado, azar.

Fiz a minha cabeça naquele fim de semana.

Não lembro exatamente quando tive a ideia de batizar a cervejaria de Aqueles Caras. Também não consigo lembrar se em algum momento cheguei a pensar em outro nome. "Aqueles caras" era uma gíria que usávamos na época de escola, lá no meio da década de 90, em São Pedro da Aldeia. A primeira vez que escutei foi da boca de um amigo chamado Marcelo Civil. A expressão sempre fez parte do meu vocabulário e do de muitos adolescentes que estudaram no Instituto Silva Serpa ao longo dos anos.

Basicamente, usávamos "aqueles caras" no início ou no fim de uma frase para sinalizar que o que estava sendo dito era feito por alguém do tipo "aqueles caras". Com o passar do tempo, a gíria passou a funcionar isoladamente. Bastava um amigo olhar para a cara do outro, sem falar absolutamente nada, e logo ambos soltavam: "Aqueles caaaras, né!".

Bom, percebo que é meio difícil explicar ou descrever o funcionamento de uma gíria.

O ponto é que "aqueles caras" trazia uma *vibe* nostálgica do que eu tinha vivido na adolescência. Era uma conexão excelente com os meus amigos e com as outras pessoas que utilizavam aquela expressão.

Um nome no plural, coletivo e inclusivo.

Aqueles caras, quem?

O sujeito era indeterminado, não fazia alusão somente à minha pessoa. Aqueles caras poderiam ser eu, você, todos nós.

A mensagem que eu tentava transmitir com a marca podia ser minha, mas também sua ou de qualquer pessoa que se conectasse com os meus rótulos.

Tanto que, interagindo com as pessoas que bebiam nossas cervejas, pude constatar que cada uma se conectava ao rótulo de forma diferente.

Com a APA Puta Que Pariu, por exemplo, sempre houve uma conexão com assuntos políticos. A indignação que gerou o rótulo tinha origem na minha frustração com o mundo corporativo, não no campo político. Ainda que eu compartilhasse dos mesmos sentimentos de repulsa com a política brasileira, essa conexão não havia sido planejada.

Vou explorar mais os fatos curiosos envolvendo a APA Puta Que Pariu e o mundo da política em um próximo livro, pois ainda não é a hora. De postagens polêmicas envolvendo consumidores a políticos e outras figuras públicas comentando sobre a minha cerveja, há bastante histórias para contar.

Bom, no fim das contas, o nome Aqueles Caras soava bem para uma cervejaria cuja propriedade eu tinha intenção de compartilhar com meus amigos.

E, naquele momento, já era possível sonhar em ter uma cervejaria da qual meus amigos pudessem fazer parte. A Cervejaria Aqueles Caras começaria comigo, testando a viabilidade do negócio, depois poderíamos virar uma empresa de verdade. Eu iria precisar de sócios fundadores, funcionários, gente para ajudar a empresa crescer... Tinha plena noção de que não poderia dar conta de tudo sozinho.

Poderíamos ser uma empresa gerida por um grupo de amigos, cada um fazendo o que fizesse melhor. Por que não?

Bom, há vários porquês.

Mas posso resumir dizendo que as pessoas à sua volta normalmente estão em uma página diferente da sua. No meu caso, estavam em uma etapa da vida que não era a mesma que a minha.

A decisão de largar tudo e empreender talvez assustasse algumas pessoas.

Afinal, tinha tudo para dar errado.

Praticamente ninguém apoiou a minha ideia de criar uma cerveja com um palavrão no nome.

Mas eu já havia decidido mandar tudo para a pqp há muito tempo.

Apa puta que pariu, essa vai ser a cerveja.

E Aqueles Caras, a cervejaria.

Comecei a procurar receitas na internet, com a ideia de fazer um "bem-bolado" entre as que me parecessem boas. Eu sabia que insumos comprar, onde comprá-los e como executar as receitas. Afinal, tinha feito um curso para isso. Entretanto, não havia tempo para comprar os equipamentos e insumos e testar a receita repetidamente, até chegar ao ponto ideal para produzir em larga escala.

A realidade era que eu não teria como testá-la em casa antes. E se o resultado fosse uma cerveja escrota?

Eu tinha um *deadline*, um prazo inadiável.

Liguei para o Alex para perguntar se ele veria algum problema em produzir uma cerveja com um palavrão no nome na Los Dias. Eu queria dar início à produção, pois não tinha mais tempo para ficar pensando e repensando, como eu costumava fazer.

Faltava um mês para o evento, exatamente o tempo necessário para produzir uma American Pale Ale decente, considerando entre cinco a sete dias para a fermentação e pelo menos três semanas de maturação.

Eu tinha um monte de receitas do Beersmith salvas no computador e algumas APAs e IPAs que já havia bebido como referência. Após um ano experimentando cervejas especiais, eu formara uma boa ideia das características sensoriais que esperava alcançar no meu produto final. Sabia, por exemplo, quais variedades de lúpulos me agradavam mais em termos de aroma e sabor. O consumo de APAs e IPAs estava em ascensão no país, cada vez mais cervejarias produziam o estilo, e era comum encontrar nos rótulos informações sobre a receita de cada cerveja.

Naquela época, eu já fora abduzido pelo universo das cervejas altamente lupuladas, com sabores e aromas cítricos, frutados e florais explodindo no paladar e no olfato, e desejava que minha cerveja orbitasse por ali.

Acabamos combinando usar uma receita de APA sugerida pelo Alex, sem sombra de dúvida a melhor coisa a se fazer. A Los Dias providenciaria o registro no MAPA, e meu rótulo poderia ser comercializado através da minha própria empresa.

Alex Dias é um dos cervejeiros mais experientes que conheci nesse mercado. Com conhecimento profundo sobre cálculo de receitas, a matemática cervejeira, até já publicou um livro sobre o assunto.

Seguindo a ideia da prototipagem, usar uma receita do Alex, já testada e validada, salvaria tempo e eliminaria um esforço colossal.

Eu seria muito burro se, por orgulho ou vaidade, optasse por usar algo desenvolvido por mim a partir de pesquisas na internet, em vez da receita de um mestre cervejeiro profissional com anos de experiência.

A Los Dias não possuía nenhuma American Pale Ale em seu portfólio, e a receita sugerida se encaixava certinho no que eu precisava. Eu nunca havia testado e nem teria tempo para testar as receitas que tinha nas mãos. No entanto, eu era fã das cervejas da Los Dias, e tinha certeza de que a sugestão do Alex iria resultar em uma cerveja espetacular.

Combinamos que eu pagaria metade do custo da produção imediatamente e a outra metade quando a cerveja ficasse pronta.

A brassagem tinha que ocorrer o quanto antes, para dar tempo da cerveja ficar pronta para o Mondial de la Bière.

E assim foi feito.

Então, posso dizer que o Alex me ajudou a resolver os principais obstáculos à criação de uma marca própria de cerveja artesanal: insegurança, falta de conhecimento técnico e burocracia.

Mas eu ainda precisava desenvolver o rótulo e pensar em estratégias de marketing e *branding*, além de um monte de outras coisas que eu só descobriria mais tarde.

Observe que minhas preocupações naquele momento não estavam relacionadas às dificuldades de empreender no Brasil ou de estruturar uma empresa como manda o figurino. Tampouco me importava que a economia do país estivesse entrando em recessão. Jamais deixaria de tentar por isso.

Minha preocupação estava totalmente voltada à construção de um produto que eu havia idealizado e desejava validar.

Esse pode ter sido um dos motivos que me levou a ter muito sucesso e, paradoxalmente, também a falhar como empresa.

Eu só queria testar e saber se daria certo.

Se funcionasse, eu partiria para a solução do próximo problema, a construção da estrutura necessária para suportar gradativamente o crescimento da empresa.

Eu falhei ao não investir mais esforço em trazer para a sociedade uma ou mais pessoas que pudessem me ajudar com isso.

Ainda na fase de idealização do negócio, lembro de ter comentado com um de meus amigos sobre essa ideia de criar uma cervejaria cigana, inventar nossas próprias receitas, desenvolver nossos próprios rótulos, ter nossa própria identidade. Eu estava tentando compartilhar minha visão, meus sonhos, mas havia sido totalmente desencorajado e desmotivado.

– Tá maluco? Não vai dar certo! – ouvi, em tom de piada, entre uma gargalhada e outra. Eu também ri, pois a piada era boa.

Mas aquilo me deixou mal.

Era muito difícil para meus amigos e familiares aceitarem aquela ideia. O Christian decidiu fazer uma cervejaria, acha que é só falar que vai fazer cerveja, e pronto... Não faz ideia do quanto custa montar uma estrutura para isso.

Eu ouvia frases assim por todo canto quando falava da minha ideia. Até o momento em que, obviamente, parei de falar. Passei a não compartilhar mais o que eu estava fazendo, pois, de fato, falar, falar e não executar também não estava me levando a lugar nenhum.

Entendi que não precisava da validação dos meus amigos ou familiares para ir em frente. Por mais que eu desejasse que minhas ideias fossem aceitas, estaria alimentando expectativas tolas. Além do mais, eu tinha o apoio da minha esposa, que poderia ter sido um obstáculo àquelas decisões, mas, pelo contrário, havia se tornado a minha propulsora.

Eu não tinha que me preocupar com a opinião dos outros, tinha apenas que trabalhar, trabalhar e trabalhar.

Parei de perder tempo com coisas que não me aproximava das minhas metas.

Foquei no que eu queria construir.

Passei a trabalhar naquilo desde a hora em que acordava até a hora em que ia dormir.

Recorri a plataformas de freelancers na internet, onde eu poderia obter um design de rótulo fantástico, e recebi algumas propostas. Eu não estava mais buscando profissionais baratos. Queria o melhor design possível e estava disposto a pagar o preço que o designer pedisse, sem pechinchar.

O tempo era curto, eu não podia errar na contratação e acabar com um rótulo tosco.

Precisava de alguém que pudesse realmente se comprometer com o prazo e entregar um trabalho de qualidade.

Entrei em contato com a Carol Nóbrega, a mesma designer que havia feito o rótulo para a Bierteria. Eu tinha uma missão impossível para ela: fazer meu próprio rótulo, desenvolver o logotipo da cervejaria, criar minha identidade visual e desenvolver o manual da marca para uso posterior, tudo em menos de um mês.

Ela achou o prazo apertado, mas se comprometeu a entregar o trabalho conforme as minhas necessidades.

No dia seguinte, recebo o orçamento e fico chocado.

Eu jamais havia imaginado gastar tanto dinheiro para desenvolver a identidade da marca, ou "apenas" o logotipo e o rótulo da cerveja.

Afinal de contas, eu poderia contratar alguém na Índia por alguns míseros dólares, correto?

Ou eu mesmo poderia fazer o rótulo, correto?

Ironicamente, até poderia, pois tenho conhecimentos de design gráfico com ferramentas de editoração e vetorização, como o Corel Draw® e o Adobe Illustrator®. Com 14 anos de idade, eu costumava desenhar retratos, replicando capas de revistas ponto a ponto no Corel.

Pois é, mas eu já tinha caído nessa furada ao criar o Cerveja na Caixa, achando que eu mesmo podia fazer tudo, inclusive o logotipo e a identidade visual. Eu estava errado.

O Trindade havia sugerido contratar um designer para desenvolver nosso logotipo. Ele fez o contato e retornou com um orçamento de cerca de R$ 1000,00. Na minha cabeça, aquilo era totalmente desnecessário, pois estávamos apenas testando uma ideia, e, diante daquele custo, eu mesmo poderia dar conta do serviço. De fato, a ideia era começar um negócio de forma simples, enxuta, totalmente *bootstrap*. Ainda não tínhamos posto em prática o plano de negócio, e começar gastando mil reais só com o logo não me parecia uma boa ideia.

Eu não tinha noção alguma de como isso era importante, sendo praticamente a primeira coisa que o cliente vê quando olha para um produto. Não possuía formação ou experiência em marketing, publicidade ou afins, nem um profissional me assessorando.

Na época, eu ainda não via o *branding* como um investimento, mas como um custo a ser reduzido ao máximo.

Acabei criando o logotipo do CNC com minhas próprias mãos. Claro que ficou uma bosta, mas eu não conseguia perceber, e lançamos o clube com aquele logo tosco mesmo.

Mais tarde, depois de adquirir conhecimentos teóricos e práticos sobre marketing, *branding*, etc., entendi a importância da marca para gerar conexão com meu público-alvo.

Resolvi, então, refazer nosso logotipo, mas sem uma mudança drástica, apenas uma correção de erros grotescos.

Contratei um designer via *Workana* para ajustar e melhorar o logo, deixando-o com aparência mais profissional. O Amilcar Warol fez uma excelente cirurgia plástica no meu trabalho amador, elevando a percepção de consistência e profissionalismo do CNC.

Vale lembrar que, durante a construção do negócio, eu estava muito focado na ideia de começar como o Noah Kagan havia feito com o *beef jerky*, de forma simples e com baixíssimo custo. Eu não precisava gastar milhares de reais com um logotipo naquela etapa inicial. Precisava testar primeiro se alguém se interessaria em receber cerveja em casa de forma recorrente.

Como já mencionei, aprendi muito nessa jornada e também errei muito ao longo do caminho.

Não creio que a falta de um logotipo profissional desde a largada do negócio tenha sido o principal motivo do CNC não ter dado certo. Construir uma empresa vai muito além de um nome, um logotipo e um slogan criativo. No entanto, acredito que não ter investido em *branding*, marketing e outras estratégias antes do lançamento contribuiu muito para o seu fracasso.

Tínhamos um bom slogan, que comunicava claramente o produto que vendíamos e o modelo do negócio: *Cervejas artesanais brasileiras, todo mês, sem sair de casa.*

Porém, nossa identidade visual era um pouco inconsistente. O slogan no logotipo original era *Artesanal Premium*, refletindo a ideia equivocada que tínhamos sobre cerveja artesanal no início do projeto. Posteriormente, chegamos à conclusão óbvia de que a versão curta do slogan deveria ser simplesmente *Artesanais Brasileiras*, muito mais alinhado à proposta do negócio.

Achar que eu podia fazer tudo não era uma atitude inteligente, mas também sei que, se tivesse ficado esperando por outras pessoas ou pelo momento perfeito, eu não teria feito nada.

Não ter escutado meu sócio nem valorizado sua opinião foi outro erro enorme, que talvez tenha desmotivado o time lá no início sem que eu percebesse.

Mas eu estava aprendendo.

No processo de criação da Cervejaria Aqueles Caras, minha forma de pensar já era diferente. No Cerveja na Caixa, eu estava mais ligado nas variáveis funcionais e técnicas do negócio.

Com a cerveja Apa Puta Que Pariu, eu estava criando um produto, uma marca que representava o que eu sentia naquele momento. Além disso, eu já tinha uma visão bem mais clara de como me conectar a um público específico de pessoas que compartilhavam meus valores.

O rótulo precisava transmitir essas mensagens. Eu não tinha essa preocupação quando criei o logotipo para o Cerveja na Caixa, nem quando aceitei a sugestão de nome do Trindade. Mas, àquela altura do campeonato, já entendia muito bem a diferença brutal entre criar um logotipo e criar uma marca.

Com o aprendizado obtido no Cerveja na Caixa e o orçamento da Carol na mão, eu sabia que minha decisão não poderia ser outra que não aceitar a proposta dela e seguir em frente.

Eu queria fazer algo de excelente qualidade, pois já havia percebido a importância do rótulo no processo de decisão do consumidor. A marca precisava passar uma mensagem, e tal mensagem era crucial.

As garrafas que encalhavam no CNC eram, em sua maioria, cervejas com rótulos ruins, com apelo de marketing fraco ou equivocado.

Eram rótulos que não conversavam, não falavam por si, não geravam conexão com grupo nenhum.

Tentavam falar para um público genérico, que estava disperso demais para enxergar um rótulo em meio a tantos.

Eu queria criar um trio infalível: um rótulo foda para uma cerveja foda para um público específico.

Para isso, desembolsei sozinho um valor algumas vezes maior do que o que eu me recusara a dividir entre quatro sócios na época do Cerveja na Caixa.

Foram semanas intensas.

A Carol mandava as prévias, e eu mandava as correções de volta. Apesar de ainda precisar do rótulo pronto o quanto antes para enviar para a gráfica, eu não deixava de fazer os ajustes que queria. Eu já tinha visitado a gráfica que iria imprimir a primeira tiragem, e eles também estavam comprometidos em me entregar os rótulos o mais rápido possível.

Ao longo da minha experiência profissional, acabei adquirindo um nível alto de exigência de qualidade nas coisas que eu fazia. Talvez isso tenha vindo do slogan *Quality in Everything We Do*, que representava bem os valores de uma das empresas na qual eu havia trabalhado.

A Carol me entregou um trabalho de excelente qualidade, não tenho dúvidas, mas as primeiras prévias tinham sido decepcionantes.

A começar pela resistência dela em incluir no rótulo o nome APA Puta Que Pariu. Acredite, eu havia sido claro quanto ao nome durante a nossa reunião e no preenchimento do briefing, mas, ainda assim, ela tentara abreviar ou substituir letras para suavizá-lo. Eu sei que ela sabia o que estava fazendo, mas eu estava disposto a quebrar padrões.

Eu já havia dado entrada no registro da marca no INPI e estava determinado a lançar uma cerveja com aquele nome. Tinha lido a lei brasileira que rege a padronização de embalagens e rótulos e não havia encontrado nenhuma restrição a expressões ou palavrões daquele tipo.

Já tinham se passado umas duas semanas desde o início do trabalho, e eu ainda estava com um rótulo totalmente sem graça nas mãos.

Eu não estava fazendo um rótulo só para mim, aquela cerveja tinha que se conectar a outras pessoas, e não apenas ao Christian.

Eu tinha uma história para contar. Era a minha história, mas precisava se conectar a qualquer pessoa que tivesse vontade de fazer o que eu estava fazendo, isto é, mandar tudo para a puta que pariu.

Os rótulos iniciais não transmitiam essa ideia.

Desesperado, entrei em contato com o Marcos Felipe e o Diogo Scott, dois amigos que eu havia conhecido através do Daniel. Costumávamos ir juntos aos shows da banda dele e acabamos criando uma amizade em que nos víamos apenas em dias de shows de punk rock e hardcore. Abro um parêntese para mencionar que o Daniel foi meu sócio em potencial em muitas ideias de negócio nos tempos do escritório de advocacia. Mais tarde, chegamos a conversar sobre operacionalizar a logística do Cerveja na Caixa na Região dos Lagos através dele, mas a ideia não foi adiante.

O Marcos Felipe, o Diogo e eu tínhamos criado o Grupo de Rock Pesado no WhatsApp porque queríamos formar uma banda, o que nunca chegou a ocorrer.

Eventualmente, trocávamos ideias aleatórias ali, e acabamos nos tornando mais do que apenas amigos em comum do Daniel.

Como mencionei antes, eu havia parado de falar sobre as minhas ideias para as outras pessoas. Estava construindo a Cervejaria Aqueles Caras quase em segredo, pois não queria absorver as energias negativas de ninguém.

Mas eu precisava de ajuda, e aqueles caras compartilhavam meus gostos.

Depois do meu descontentamento com a proposta inicial, a Carol havia criado novas versões do rótulo, que estavam em outro patamar.

Decidi enviar as melhores para o Grupo de Rock Pesado e compartilhar a ideia que estávamos desenvolvendo. Eu precisava de feedback real, sincero, e sugestões que pudessem me ajudar a andar para frente.

Foi uma decisão importante.

Imediatamente, fui bombardeado com uma energia extremamente positiva. Tivemos um turbilhão de ideias, trocando áudios e mais áudios sobre como o rótulo poderia ser melhorado.

Eu já tinha definido muito claramente que arquétipos queria explorar na construção da marca, e compartilhei-os no grupo. Minha marca precisava ser cômica e rebelde, como eu.

Eu também havia estudado o perfil do público ao qual queria entregar minha mensagem. Sabia bem com quem eu queria me conectar, apesar de mais tarde ter descoberto que essa conexão ocorria com mais grupos do que eu havia levantado inicialmente.

A Carol, por sua vez, tinha avançado bastante na missão de materializar minhas ideias no design do rótulo. Àquela altura, ela já devia estar de saco extremamente cheio de mim.

Eu certamente não fui seu cliente mais fácil, mas estava obstinado em criar um produto de sucesso.

Uma voz me dizia que feito é melhor que perfeito, e outra insistia em qualidade em tudo o que eu fizesse. Meu desafio era encontrar o equilíbrio entre elas.

Nessa história de construir o melhor, também entrei em contato com outra Carol, minha prima Ana Carolina Eloy, formada em Comunicação e altamente descolada.

Eu havia rascunhado os textos que seriam impressos no rótulo, apresentando a cerveja ao consumidor de duas formas, a técnica e a despojada.

Um pequeno bloco de texto falaria sobre as características sensoriais da cerveja e as possibilidades de harmonização com alguns pratos.

O segundo bloco traria o *pitch,* que iria estabelecer a conexão com o consumidor em linguagem mais despojada.

Eu sabia o quanto a mensagem era importante. Imaginava meu rótulo na prateleira, disputando a atenção dos clientes. Imprimia as versões em andamento, colava em garrafas vazias e testava a visibilidade em meio aos outros rótulos do estoque.

Minha cerveja precisava ser autoexplicativa. Precisava chamar atenção. Precisava convencer em poucos segundos.

Portanto, a mensagem devia ser simples, clara e direta, e ativar os gatilhos necessários para iniciar as conexões. Uma pessoa da área de Comunicação, como a Carol, poderia ajudar a entregar a minha mensagem com mais qualidade. E foi exatamente o que ocorreu. Minha prima me devolveu um texto muito mais poderoso do que o que eu tinha lhe enviado, e que caiu como uma luva no rótulo.

Compilei tudo o que eu havia absorvido do *brainstorming* com meus amigos da banda imaginária, somei ao *output* da minha prima e passei para a designer.

Alguns dias depois, eu finalmente receberia algo que me deixaria de boca aberta. De boca aberta inclusive no rótulo, pois ela havia substituído a ilustração anterior, que eu tinha detestado, pelo personagem de terno com a boca aberta do tamanho da cabeça, dando seu grito de liberdade.

Ela havia sintetizado nossas ideias, minhas reclamações e sugestões, e transformado tudo em algo poderoso.

A adição do pequeno slogan *Porra, vai... Experimenta!* deixou claro que a missão havia sido concluída.

Alcançáramos nosso objetivo.

Eu tinha um rótulo espetacular nas mãos, com todos os atributos que havia imaginado e que contemplava exatamente a história que eu queria contar de uma forma que pessoas de qualquer cor, time, credo ou inclinação política pudessem se conectar.

Quando falo que queria que minha cerveja contasse uma história, não estou me referindo apenas aos textos descritivos do rótulo. A mensagem deveria ser captada mesmo se o consumidor não lesse nada do que estava escrito na garrafa.

Um rótulo tem que ser intuitivo.

Apa Puta Que Pariu não é apenas um palavrão.

É um ato de coragem.

É um grito de liberdade.

Eu queria amplificar meu grito de liberdade para que outros pudessem ouvir e se inspirar.

A partir daquele momento, encontrei um novo propósito: convidar as pessoas a se libertarem como eu.

22. O GRANDE DIA

É difícil não lembrar dos dias pré-Mondial como um período de muito estresse e trabalho. Não que isso seja ruim. É aquele estresse recompensador que se sente ao empreender, por estar trabalhando ao máximo da sua capacidade, dando o seu melhor para que a sua marca, seu produto, seu negócio tenham muito sucesso durante um evento.

Eu era responsável pela personalização do nosso stand. Coloquei um anúncio no *Workana* em busca de um designer para preparar as artes que seriam adesivadas no stand pré-montado que havíamos adquirido.

Minha ideia era que o stand fosse caracterizado como o espaço do Cerveja na Caixa, mas que desse protagonismo às marcas que o site estava lançando. Assim, todos poderiam ter alguma exposição.

Para variar, eu havia contratado um freelancer que disse que poderia fazer tudo dentro do prazo por R$ 200,00. É incrível como repeti esse erro tantas vezes.

JAMAIS CONTRATE UM FREELANCER QUE COBRE ABAIXO DA MÉDIA E DIGA "SIM, SENHOR" PARA TUDO.

Assim como em outros trabalhos que eu já havia publicado, recebi muitas propostas boas e muitas ruins. Aparentemente, eu precisava melhorar as minhas habilidades de recrutamento e seleção.

O profissional que contratei não cumpriu os prazos prometidos, criando um grande problema. O atraso dele retardaria o envio da arte para a empresa que iria plotar e adesivar o stand.

Justamente devido ao evento, as gráficas da cidade também estavam atrasando as entregas, e havia o risco de começarmos o evento com um stand descaracterizado.

Isso seria péssimo, pois estávamos ali para expor as nossas marcas a um público com alto potencial de consumo.

Em outras edições, eu tinha visto expositores que não davam muita atenção à personalização de seus stands. Era tentador seguir por esse caminho, pois o custo total da participação no evento era alto. Precisávamos custear o chão alugado, a montagem do stand, a personalização, a equipe para trabalhar durante o evento, o material de marketing, as taxas da prefeitura, os impostos antecipados sobre as vendas, etc.

Isso sem contar o principal: produzir nossas cervejas e os outros artigos de *merchandising* que pretendíamos vender naqueles quatro dias.

Mas ir a um evento como o Mondial de la Bière com um stand que não expõe a sua marca apropriadamente é perder uma valiosa oportunidade de ser lembrado.

Também cometi esse tipo de equívoco durante a minha trajetória de empreendedor, mas a cada edição eu aprendia melhor como ter sucesso financeiro em eventos desse porte.

No Mondial de la Bière, especificamente, meu faturamento dobrou cada vez que participei com a Cervejaria Aqueles Caras. Como expositor, passei a ter um resultado positivo a partir da minha segunda edição.

Se você é empreendedor nesse ramo, certamente já ouviu falar que participar de eventos de grande porte como o Mondial significa ter prejuízo. Realmente, as chances de isso ocorrer são altas, principalmente para quem está começando.

Tivemos prejuízo na primeira edição em termos de resultado financeiro. Entretanto, em termos de exposição de marca, o lucro foi incalculável.

Tanto que, anos depois de termos lançado a APA Puta Que Pariu naquela edição, ainda encontro pessoas que dizem ter conhecido minha cerveja naquele evento.

Com o tempo, aprendi que é possível ganhar muito dinheiro nesse tipo de evento, mas é preciso aprender como o jogo funciona.

Resumidamente, meus resultados financeiros com o Mondial foram:

2015: prejuízo
2016: empate
2017: lucro
2018: cancelei minha participação na véspera

Em 2018, eu tinha certeza de que minhas vendas iriam explodir. A empresa havia amadurecido, e minha experiência aumentara, assim como a qualidade e a diversidade do portfólio de cervejas que eu pretendia oferecer.

Infelizmente, minha vida pessoal estava tomando outro rumo. Lembro que estava na Holanda, já ensaiando nossa mudança, mas vinha pagando as parcelas do evento ao longo do ano quando decidi cancelar.

Meu filho havia nascido em 2017, em um parto cruel e desrespeitoso no Rio de Janeiro. Quando ele tinha seis meses de idade, sofri uma tentativa de assalto na estrada entre Cabo Frio e o Rio de Janeiro. Eram seis e meia da manhã de um sábado. Eu estava atrasado para pegar um ônibus com minha turma do curso avançado de tecnologia cervejeira do ICB. Na pressa, não percebi que o carro que havia bloqueado a pista estava ali para me assaltar. Quatro homens armados até os dentes vieram na minha direção. Eu sempre soube que não deveria reagir, mas não tinha percebido que se tratava de um assalto e simplesmente acelerei, contornando o carro dos assaltantes.

Eu poderia ter morrido naquele dia. Fui para o curso com uma sensação de lucro incrível, pois havia escapado ileso de uma situação de altíssimo risco.

Minha maior dor foi perceber, ao entrar em casa, que meu filho poderia nunca mais ter me visto chegar.

Ele estava me esperando, rindo de felicidade.

Meu propósito de vida mudou naquele dia, e, de certa forma, minha vida também não foi mais a mesma. O Rio de Janeiro havia se tornado inóspito demais para mim e a minha família.

Bom, voltando ao assunto, nosso primeiro dia como expositores no Mondial de la Bière ocorreu em 15 de novembro de 2015.

A abertura dos portões estava marcada para as duas da tarde. O período para montagem e personalização dos stands incluía o dia anterior e a manhã do dia de abertura.

Consegui resolver a questão do design gráfico que seria plotado no stand colocando a mão na massa. Ou seja, eu mesmo tive que fazer os ajustes que o freelancer contratado não havia entregue.

Sei que eu estava fazendo as coisas às pressas e que deveria ter feito tudo com mais antecedência. Mas essa não era a realidade, e eu tinha sido claro quanto aos prazos na conversa com o prestador de serviço.

Por sorte, com meus conhecimentos básicos de design gráfico, somados a alguns dólares gastos no *Creative Market*, consegui finalizar a arte.

A gráfica executaria a plotagem um dia antes da abertura do evento. Enviei a arte, autorizei o acesso deles ao stand, e no dia 18 mesmo o trabalho foi feito.

Com isso, na manhã do dia 19, precisaríamos apenas montar as chopeiras, expor os produtos e plugar os barris de chope que já havíamos deixado nas câmaras frias do evento.

A minha prima Carol, que me ajudou na organização de tudo, havia chegado ao local do evento logo cedo pela manhã.

Para surpresa dela e desespero meu, as impressões tinham sido feitas ao contrário. Eu não conseguia acreditar naquilo. Como a pessoa que imprimiu a arte não tinha visto que a impressão estava refletida? Como o pessoal que adesivou o stand no dia anterior não tinha percebido que palavras estavam invertidas?

No Empretec, eu havia aprendido que o empreendedor bem sucedido assume a responsabilidade por todo seu sucesso e por todo seu fracasso, mas às vezes as coisas simplesmente passam do limite.

Enfim, graças à Carol, o problema foi resolvido a tempo.

No fim das contas, conseguimos personalizar o stand como queríamos, sem gastar muito, mas arrancando alguns cabelos durante o processo.

As semanas, e principalmente os últimos dias antes do evento haviam sido insanos.

Naquele período, pude contar com a ajuda das minhas primas na organização e execução de tudo. Minha ideia era focar nas vendas de assinaturas, e eu precisava de um time para isso.

Inicialmente, pensei que eu poderia contratar apenas a Carol e a Mariana para vender assinaturas nos quatro dias de evento. Afinal, além do alto custo, o stand possuía apenas 9 m², e os outros cervejeiros também estariam dividindo o espaço com a gente.

Ao contrário de mim, elas tinham experiência em eventos daquele porte e, além de resolver problemas, trouxeram inúmeras sugestões.

Nos meses que antecederam o Mondial de la Bière, a Carol vinha me ajudando muito no planejamento e nas atividades que eu precisava executar.

Através dela, por exemplo, montei um time de cinco meninas para vender assinaturas do clube durante o evento.

Enquanto elas efetivavam as assinaturas dos novos clientes, eu prestava suporte em caso de dúvidas. Eu também tinha cópias do Guia de Degustação dos meses anteriores, mostrando as cervejas que nossos assinantes já haviam recebido. Além de oferecer informações sobre cada cerveja, as avaliações funcionavam também como prova de conceito.

Com as vendas de assinaturas delegadas, pude focar nas cervejas plugadas no nosso stand, já que eu realmente queria que todas vendessem muito bem.

Enquanto a Carol e a Mariana se desdobravam para tomar conta do stand, eu me desdobrava para regular a chopeira, que estava produzindo um excesso de espuma.

Eu tinha acabado de comprá-la e nunca havia manuseado uma chopeira antes. Mas, como o bom técnico de informática que tinha sido no passado, não via dificuldade alguma em aprender a montar aquele sisteminha. Tudo parecia estar conectado perfeitamente, e a pressão do CO2 estava bem regulada. A temperatura do barril também estava ótima, pois ele acabara de sair da câmara fria.

Os outros cervejeiros tinham tentado me ajudar, mas o chope continuava a espumar demais, ocasionando perda elevada quando extraído na velocidade necessária. Era muita gente, e eu não estava conseguindo dar vazão.

Ao mesmo tempo em que via aquela quantidade enorme de chope indo embora devido a um problema pontual de supercarbonatação, percebi um aumento repentino no número de pessoas que chegavam ao stand pedindo a Apa Puta Que Pariu.

Elas vinham segurando as bolachas de chope que eu mandara fazer para distribuir no evento.

Foram 20 mil bolachas do tipo conta-chope, inventado por um amigo meu na época. A irreverência do nome da cerveja, somada à criatividade do modelo da bolacha, que permitia aos visitantes contar quantos chopes tomavam, tinha gerado um enorme sucesso.

Usamos a arte da bolacha para divulgar as cervejas de cada cervejaria do stand, nossa loja virtual e a localização no evento. De um lado, havia um QR Code que levava o usuário à página do produto no site, com um cupom de desconto na primeira compra. Do outro, a arte de um dos rótulos lançados no evento que podia ser experimentado no stand. O material também funcionava como um lembrete de que, após o evento, as cervejas poderiam ser encontradas online.

Criei também um panfleto para explicar o funcionamento básico do nosso clube de assinatura e seus planos, distribuído junto com as bolachas.

Até aquele momento, eu ainda não fizera um investimento relevante em marketing, propaganda e esforço de vendas. Com exceção de algumas campanhas segmentadas via anúncios no Facebook, eu ainda não tinha gasto dinheiro de verdade em ações de aquisição de clientes. O custo de participação no Mondial, somado a todas as outras ações que bancamos para o evento, havia sido um grande investimento no negócio.

A expectativa de público do Mondial sempre é muito alta, portanto, aquela seria a nossa hora de aparecer, vender assinaturas e aumentar a lista de *leads*. Foram mais de 40 mil pessoas presentes nos quatro dias do evento.

Nossas vendedoras ficavam em volta do stand, atendendo os interessados, fechando assinaturas, coletando e-mails e dados como locais de entrega. A ideia era entender quais regiões deveriam ser priorizadas, pois não podíamos ainda atender em todas as localidades. Quando possível, as meninas também coletavam respostas a um questionário e anotavam as principais objeções do público.

Em algum momento, a Mariana foi buscar uma pessoa lá fora, levando consigo algumas bolachas e vestindo a camisa da nossa cerveja.

Retornou ao stand muito animada, dizendo que precisava de mais bolachas. Não havíamos planejado aquilo. Fiquei curioso e fui com ela, ajudando a carregar pacotes de bolachas.

A fila do lado de fora estava enorme, e as pessoas estavam reagindo incrivelmente bem ao nome da cerveja.

– Apa puta que pariu, apa puta que pariu!

A Mariana não parava de repetir a frase enquanto distribuía as bolachas. Algumas pessoas entendiam a piada logo de cara, mas outras a olhavam sem entender nada. Nesse caso, ela dizia:

– Ai gente, é brincadeira, Apa Puta Que Pariu é uma cerveja. Experimenta lá no stand do Cerveja na Caixa no armazém 4!

E todos caíam na gargalhada.

Não posso negar que eu tinha um certo receio da marca ser censurada ou rejeitada.

Antes do evento, eu me perguntava se as pessoas que criticavam o nome não estariam certas.

Ele era mesmo ofensivo? Ou era apenas uma expressão do dia a dia? Bom, a expressão fazia e ainda faz parte pelo menos do *meu* dia a dia.

Aqueles eram os primeiros feedbacks REAIS que eu recebia do público, sendo que aquele pessoal nem sequer tinha bebido minha cerveja ainda.

O sorriso no rosto das pessoas ao descobrir que a APA Puta Que Pariu realmente existia era nítido.

Lembro bem de uma garota com um grupo de amigos, dizendo que tinham entrado no evento e ido direto ao nosso stand para beber a APA Puta Que Pariu. Isso se repetiu muitas vezes ao longo daquele dia.

Também recordo um cliente que se aproximou do stand, olhou para as garrafas expostas, pegou uma APApqp nas mãos e disse:

— Caraaaaca, que rótulo foda! A cerveja deve ser uma merda!

Confesso que ri junto com ele, mas imediatamente fiz questão que ele experimentasse a minha cerveja.

Bastou um gole para ele retirar o que havia dito. Acabou retornando ao stand inúmeras vezes com seus amigos para beber tudo o que tínhamos disponível nas torneiras. Horas depois, ele me abraçaria, bêbado, agradecendo por tê-lo convencido de que minha cerveja era realmente boa e não apenas um rótulo engraçado.

23. VENDI TUDO, E AGORA?

Eu não estava preparado para vender 90% da produção de teste e sair do evento com os 10% restantes praticamente vendidos. Não achava que seria possível, até porque estava dividindo o stand com outras marcas. Havia outra APA, de um cervejeiro com muito mais experiência do que eu, e, portanto, de excelente qualidade. Poderia haver competição dentro do stand, apesar de termos conversado sobre como evitar que isso ocorresse. Mas era uma questão matemática muito simples. Meu chope era apenas um entre as cinco opções que um visitante encontraria no nosso espaço.

Além disso, o stand estava localizado no último armazém. Os visitantes tinham que percorrer todos os outros pavilhões até chegar onde estávamos.

Eu tinha criado aquela cerveja à toque de caixa, e já estava apaixonado.

Eu não apenas tinha vendido uma enorme quantidade de chope e garrafas da Apa Puta Que Pariu, mas também havia descoberto uma nova fonte de receita a explorar.

Eu estava acostumado a vender diretamente para o cliente final. Meu modelo de negócio inicial fora totalmente voltado ao mercado B2C. Eu não via o clube ou o *e-commerce* de cervejas brasileiras vendendo ou distribuindo cervejas no B2B, isto é, para outras empresas.

Mas muitos visitantes do Mondial trabalham no setor de Alimentação e Bebidas, como donos de bares, restaurantes e diversos outros pontos de venda que comercializam cervejas artesanais.

Eu estava jogando dos dois lados.

Achava normal ser procurado por donos de cervejarias que queriam vender seus produtos no Cerveja na Caixa ou buscavam exposição para suas marcas entre o nosso público.

Mas eu nunca havia sido procurado por donos de lojas, bares e restaurantes querendo adquirir meu produto para vender em seus estabelecimentos.

E o produto que eles queriam comprar era "a cerveja do palavrão", como algumas pessoas diziam.

O que havia sobrado do evento já estava praticamente vendido para aqueles comerciantes.

Aquele Mondial mexeu muito comigo.

Eu nunca tinha recebido tanta energia boa das pessoas em retorno a algo que eu havia dado a elas.

E não era apenas a cerveja do palavrão.

Muitas se sentiam representadas, como pude constatar depois, através das inúmeras postagens em redes sociais.

Meses antes daquele evento, meses antes de eu pensar em criar minha própria marca de cerveja, eu tinha conversado com um amigo do meu padrinho, que tinha lhe falado da minha ideia do clube, de viajar para experimentar cervejas e entregar uma caixa na casa dos assinantes todo mês.

Ele tinha muita experiência em marketing e me ligou querendo marcar uma reunião. Bom, eu não tinha nada a perder em conversar com ele e ouvir o que tinha a me dizer. Ele estava tentando entender meu modelo de negócio, queria contribuir de alguma forma, mas, naquele momento, não conseguimos chegar a uma conclusão.

Mas ele havia me deixado um presente: uma pulga atrás da orelha.

Quando expliquei como o negócio funcionava, ele me disse o seguinte:

— Mas você está investindo tempo e dinheiro para fazer crescerem as marcas dos outros, é isso?

Eu retruquei que não. Disse que a minha marca, o Cerveja na Caixa, aparecia junto com as outras cervejas artesanais brasileiras e, com isso, também se fortalecia ao se estabelecer como ponto de venda online.

Mas eu não era o único vendendo aquelas cervejas na internet. As marcas não tinham exclusividade alguma comigo.

Ele olhava para o folder das cervejas do mês e achava aquilo fantástico, mas insistia que o Cerveja na Caixa não possuía protagonismo nenhum naquele material.

Ele dizia que eu estava torrando dinheiro para tornar as marcas dos outros mais conhecidas, e que não estava sendo bem remunerado para aquilo.

Ok, ele estava certo.

Durante o evento, as palavras daquele senhor tinham ficado claras.

Diferentemente do Cerveja na Caixa, eu havia buscado aplicar técnicas de *branding* na criação da marca Aqueles Caras e seus produtos.

Mesmo sem ser um especialista, pude reconhecer de imediato a diferença, tanto em termos de resultados financeiros quanto de autorrealização, de vender uma cerveja criada por mim. Um produto que carregava minha visão, meu jeito de ser, meu *feeling*, minha forma de pensar, e que se conectava a pessoas como eu. Com a Cervejaria Aqueles Caras, eu não estava mais vendendo a história dos outros.

Estava vendendo a minha própria história.

Quando você tem uma história para contar, algumas pessoas podem se identificar e vão querer te ouvir.

Não que o Cerveja na Caixa não tivesse uma boa história, mas ela não fora contada direito e por isso gerou menos valor, menos resultado.

Se você conseguir transcrever sua história ou materializar sua paixão em um produto, terá grandes chances de vender bem e formar conexões com pessoas que compartilham seus valores. Depois, só é preciso cultivar essa conexão e mantê-la ativa.

Legal, mas o evento terminou, e eu tinha dois novos problemas.

As vendas do clube não haviam sido muito boas. Nossas metas, estabelecidas no mundo perfeito das planilhas de Excel, tinham ficado bem distantes.

Já o meu novo produto, a cerveja APA Puta Que Pariu, tinha sido um sucesso inesperado, e eu precisava suprir a demanda.

E agora?

24. HORA DE PIVOTAR?

Se, por um lado, eu estava feliz pelo sucesso da Aqueles Caras, por outro, estava desapontado com os resultados das vendas de assinaturas do clube.

Eu já estava há meses trabalhando naquele negócio, seguindo o planejamento que havia consumido quase todo o meu ano anterior.

Devia estar fazendo muita coisa errada, do contrário, teria tido resultados melhores.

Ao mesmo tempo, eu também não tinha referências suficientes sobre aquele tipo de negócio para entender que o caminho a percorrer era aquele mesmo, tortuoso e diferente do que tinha pensado.

Na semana após o Mondial, minha impressão era que o clube não havia dado certo.

Aumentar a base de assinantes era bem mais difícil do que tínhamos imaginado, e continuar crescendo àquela velocidade seria inviável.

O clube continuou nos meses seguintes, mas eu já não acreditava nele.

A ideia era boa, mas eu não podia sustentar seu crescimento com a estrutura que tinha.

Hoje, entendo que desisti do clube prematuramente, assim como do *e-commerce* do Cerveja na Caixa um tempo depois. Mas, na época, deixei o desânimo com o fracasso tomar conta.

Passei a semana revendo nossas planilhas, analisando as previsões de faturamento, a necessidade de capital de giro, o capital operacional e a distância para atingir o *break even*, que ainda era longa. Em outras palavras, o negócio não começaria a se pagar tão cedo, e eu precisava injetar mais capital.

Com as margens tão apertadas, eu não enxergava outra saída senão encerrar o clube.

Sem dúvida foi uma decisão precipitada, pois eu poderia ter me esforçado mais para melhorar as margens, rever o modelo de negócio e encontrar novos investidores. Eu estava construindo um negócio recorrente, e os resultados viriam a longo prazo ou em um possível ponto de inflexão. Os cerca de 50 novos assinantes que eu havia conseguido no evento na verdade representavam 600 vendas antecipadas ao longo de um ano, caso permanecessem no clube. Se cada assinante indicasse um amigo e esse ciclo continuasse se repetindo, poderíamos alcançar a base de dez mil assinantes que desejávamos.

Mas, naquele momento, eu não conseguia ver esse número tão baixo de vendas como algo positivo, nem enxergar outras saídas para o clube que eu pudesse bancar.

Como eu não tinha capital de giro o suficiente para tocar o Cerveja na Caixa e a Cervejaria Aqueles Caras ao mesmo tempo, tive que fazer uma escolha.

E escolhas exigem sacrifício.

O clube existiu somente até a caixa número 13, e em seguida cancelei todas as assinaturas.

Lembro de ter recebido muitas mensagens de assinantes tristes com a notícia que anunciáramos no comunicado de encerramento. Uma delas, de um perfil chamado @Geladassa no Instagram, dizia que o CNC tinha sido a melhor experiência que ela e o marido haviam tido com clubes de assinatura de cervejas. Eles já tinham assinado todos os concorrentes, mas haviam gostado mesmo do Cerveja na Caixa.

Mensagens desse tipo me deixavam muito motivado a continuar, mas eu estava em uma situação complicada.

A logística havia se tornado um problema que eu não conseguia resolver sozinho.

O crescimento do clube era doloroso, pois à medida que minha base de assinantes crescia, o negócio demandava mais capital.

Em contrapartida, o lucro que realizávamos em nossas operações era pífio.

Eu tinha muitos motivos para não continuar com aquele negócio, mas havia descoberto muitos mais para focar meus investimentos na minha própria marca de cerveja, em meus próprios produtos, na minha própria história.

Os resultados estavam ali, na minha frente. Tomei as decisões baseado nos dados que eu tinha.

25. DOBRANDO A PRODUÇÃO

A primeira produção que fiz da APA Puta Que Pariu foi a que levei para o Mondial de la Bière. Foram 500 litros em chope, quase todos vendidos em quatro dias, além de cerca de 500 garrafas. O evento acabara no domingo, e na segunda-feira eu já estava em contato com o Alex da Los Dias para marcar a segunda brassagem.

Eu tinha saído do evento com uma quantidade enorme de cartões de interessados em comprar minha cerveja. Bastava entrar em contato, combinar as condições e realizar as entregas.

Eu queria produzir pelo menos o dobro da primeira vez para poder dar continuidade ao trabalho que havia iniciado no Mondial.

O nome da minha cerveja estava fresco na cabeça das pessoas, que falavam dela em sites, blogs, redes sociais e canais no YouTube.

Eu já tinha começado a receber e-mails de empresas interessadas em comercializá-la. O primeiro email que recebi veio do Arthur, que queria vender as minhas garrafas em sua *delicatessen*, O Sabor do Queijo, em Botafogo. Até então, eu não fazia ideia que aquele tipo de estabelecimento, especializado em frios e laticínios, se interessaria pelo meu produto.

Não havia sobrado muita coisa depois do evento, e eu não conseguiria atender todo mundo de imediato. Pelo tempo que levaria para a cerveja ficar pronta, eu precisava produzir uma quantidade que pudesse atender à demanda sem causar ruptura de fornecimento já no curto prazo.

Mas o Alex não tinha notícias muito boas para me dar. A cervejaria não tinha disponibilidade para brassar a minha cerveja imediatamente, pois também tinha que atender sua demanda local. A quantidade de que eu necessitava naquele momento já era suficiente para ocupar pelo menos dois dos seis tanques de fermentação da fábrica, e eu ainda queria mais.

Nascia então um problemão.

Todo aquele esforço para obter exposição teria sido em vão?

Se eu não conseguisse suprir minha demanda, estaria literalmente rasgando dinheiro.

E se eu mesmo não estava preparado para o sucesso do meu produto, como o Alex e a Los Dias poderiam prever que eu precisaria dobrar a minha ordem de produção no próximo pedido?

Menos de uma semana antes do contato com o Alex, eu havia deixado a Los Dias em uma picape lotada até o teto de barris e caixas de cervejas.

Eu tinha subestimado o lançamento do meu próprio produto. Estava acostumado a vender cerveja em um ritmo muito lento com o Cerveja na Caixa, e jamais teria imaginado que o meu estoque se esgotaria tão rapidamente.

Obviamente, a participação no evento havia gerado uma demanda atípica, que não seria constante.

Mas o feedback do Mondial indicava que meu público-alvo havia gostado do meu produto, e a minha caixa de e-mails mostrava que outros empresários tinham percebido isso. Afinal, se queriam ter minha cerveja em seus estabelecimentos, era porque acreditavam no seu potencial de venda.

Meu problemão era a ruptura prematura do fornecimento devido à falta de estoque do produto.

Eu ainda tinha algumas caixas que haviam restado do evento que poderia entregar aos meus primeiros PDVs, mas não tinha certeza de quando conseguiria atender aos pedidos seguintes. E foi o que aconteceu, justamente com o segundo ou terceiro pedido que o Arthur me fez. Eu não tinha mais cerveja para entregar.

Era preciso iniciar a produção do próximo lote urgentemente, e continuei perturbando o Alex para que ele me desse a data mais próxima. Felizmente, dessa vez a notícia foi boa.

Mas, mesmo ele programando a brassagem para a semana em que estávamos, eu ainda teria que esperar no mínimo um mês para ter meu novo lote pronto.

Paciência, produzir cerveja requer paciência.

26. MIGRANDO DO B2C PARA O B2B

Segui trabalhando nas vendas enquanto aguardava o próximo lote ficar pronto.

Dessa vez, mirando mais o B2B do que o B2C.

Eu não tinha experiência em vender para empresas do setor de alimentação e bebidas, mas tinha uma ideia de como começar.

Eu já tinha vendido produtos e serviços de informática para empresas entre 2003 e 2008, mas bater de porta em porta oferecendo minha cerveja era uma atividade completamente nova para mim.

Calculei as margens e compus a tabela de preços, com os prazos e condições que eu podia oferecer. Como eu comprava cervejas de outras cervejarias e cervejeiros ciganos para vender na loja virtual e no clube, eu conhecia os preços e as condições praticadas pelo mercado.

Eu tinha três barris de chope e algumas caixas de cerveja para atender aos primeiros pedidos prospectados no Mondial. Entrei em contato com algumas pessoas que tinham me dado cartões e combinei de visitar seus estabelecimentos levando a minha cerveja.

Ainda lembro da emoção da venda dos três barris que havia sobrado aos meus novos clientes "PJ". Bem como, também lembro dos problemas. Lembra daquela supercarbonatação no Mondial? Pois é, organizei nossa primeira "invasão" em conjunto com a Bierteria, em um bar chamado Cerva e Cia no centro do Rio. Aquela estreia acabou sendo um pouco carbonatada demais.

Também fui pra rua apresentar a APAPQP a outros pontos de venda. Afinal, quando eu saía com uma visita agendada, nada me impedia de dar uma volta pela região e buscar outras oportunidades. Sim, mesmo com o estoque baixo, eu não conseguia deixar de prospectar clientes.

Eu tentava aproveitar qualquer situação que desse para vender minha cerveja e assim ia tentando expandir meus pontos de venda. Também lembro dos meus primeiros pontos de venda em Cabo Frio, a Confraria do Malte e o Sabor Artesanal, que eu só entregava novos pedidos quando ia visitar meus pais.

Minha expectativa era que esse processo de captação e crescimento de base de clientes levasse tempo.

Nada me impedia de oferecer minha cerveja, assim, quando o novo lote chegasse, eu já teria clientes com pedidos efetivados e aguardando as entregas.

A aceitação da cerveja continuava muito boa. Eu saía com uma venda concretizada ou um pedido de amostra de praticamente todos os lugares que visitava com a garrafa na mão. Era normal, e talvez ainda seja, que os responsáveis pelos estabelecimentos especializados em cervejas artesanais quisessem experimentar um rótulo antes de começar a vendê-lo.

Eu não me importava, queria mesmo que eles experimentassem minha cerveja.

Eu estava disposto a atender a qualquer necessidade dos clientes.

Quer amostra? Tome-lhe amostra.

Cerveja artesanal ainda era algo relativamente novo para a grande maioria das pessoas e a dificuldade de aceitação de algo novo poderia ser uma objeção. Então eu tentava remover as objeções.

Tanto que, também era normal que o consumidor final em eventos também quisesse experimentar uma cerveja antes de comprá-la.

Quer provinha? Tome-lhe provinha.

No início, cheguei a achar que fazia sentido, afinal de contas, meu produto era novo, logo, alguns clientes precisavam avaliá-lo antes de comprar.

Com o tempo, percebi que essa estratégia tinha eficácia duvidosa. Os resultados no B2C e no B2B eram opostos.

Diferentemente de uma provinha dada em um evento, onde você tem a chance de receber um feedback real e converter um *lead* em venda na hora, as amostras para os estabelecimentos retardavam o processo.

Cheguei a deixar amostras em muitos lugares aleatórios que nunca me deram retorno ou simplesmente não sabiam informar quem havia experimentado a cerveja.

Era como ver meu dinheiro escorrer pelo ralo.

Era como se o esforço de tempo, combustível, estacionamento e custo de uma garrafa de cerveja fosse simplesmente jogado no lixo.

É claro que esse comportamento variava de estabelecimento para estabelecimento.

Em geral, em locais com pessoal qualificado no setor cervejeiro, como *beer sommeliers*, o processo de compras e avaliação costuma ser mais profissional. Obtive feedbacks valiosos dos responsáveis por alguns estabelecimentos que vendiam minhas cervejas e, claro, estabeleci relação comercial duradoura com eles.

Com o tempo, os pedidos de amostras se tornaram um problema. Não apenas pelo custo das garrafas, mas também pelo custo indireto que acrescentavam ao esforço de venda.

Sempre que eu deixava uma garrafa de amostra em algum estabelecimento, a efetivação do pedido era automaticamente postergada. Em outras palavras, eu teria que visitar o cliente novamente para obter feedback, e se ainda não conseguisse fechar e entregar um pedido naquele retorno, teria mais custos para realizar a venda e a entrega em uma terceira ou quarta tentativa.

O melhor cenário era aquele em que a venda se concretizava na primeira visita, e a entrega logo em seguida ou, no máximo, no segundo esforço.

Se, por um lado, minhas margens agora eram maiores, por outro, o processo de vendas à moda antiga, fora do ambiente virtual, era mais custoso.

Eu queria simplificar e reduzir o custo, talvez através de um *e-commerce* exclusivo para a Aqueles Caras.

Eu poderia tentar vender para outros estabelecimentos via internet, mas ainda precisaria investir esforço em consolidar esse canal de vendas sem saber se seria bem aceito.

O primeiro esforço poderia ser à distância, sem necessariamente demandar um ambiente de *e-commerce*. Poderia ser via e-mail, telefone, WhatsApp, formulário de contato na internet... Qualquer uma das formas diminuiria muito meus custos de venda, mas a abordagem à distância funcionava mal nesse segmento.

Vendi muito via WhatsApp, mas no setor de A&B, os donos tinham necessidade da presença do vendedor no estabelecimento, em visitas recorrentes para suprir o estoque sob demanda.

Essa é a natureza do negócio. O espaço físico é sempre limitado, e o estoque precisa ser bem gerenciado. Então, eu tive que entrar no jogo e desempenhar o papel de um representante de vendas tradicional, indo ao cliente semanalmente para tirar pedidos.

Eu conhecia bem a dificuldade de locomoção no Rio de Janeiro e sabia que precisava de ajuda não apenas para visitar os pontos de venda em potencial. Eu tinha que ser capaz de realizar as vendas, as entregas e assegurar a consistência do fornecimento, sem ruptura.

Tarefa complicada para uma empresa de um homem só.

Eu precisava urgentemente resolver o meu problema de logística e, em seguida, aumentar a força de vendas.

27. HORA DE DESISTIR?

Enquanto concebíamos o Cerveja na Caixa, jamais imaginamos que logística se tornaria um desafio tão grande.

Não estava nos nossos planos fazer as entregas das caixas durante um período tão longo. Ingenuamente, acreditamos que seria uma atividade temporária, resolvida já no segundo mês de operação.

Listamos várias transportadoras que poderiam nos atender com base na nossa análise de concorrência. Se a transportadora x já atendia o *e-commerce* de cervejas y, poderia nos atender também, o que foi um equívoco.

Fizemos reuniões com as transportadoras e homologamos nossas caixas, mas não imaginávamos que as regras do jogo seriam tão severas. Nossas tabelas de envio tinham um custo bem maior do que as da concorrência. Ainda que muitos sites absorvam parte dos custos de frete, justamente para torná-los viáveis aos olhos dos clientes, os valores a que tínhamos acesso estavam além das nossas possibilidades. A transportadora que estava apta a nos atender, com alcance a diversos estados no Brasil, exigia uma cota de envio diário que não tínhamos como suprir no início.

Eu estava preocupado demais em vender e definitivamente não me considerava o cara da logística. Sempre que lembro daquela época, penso que deveria ter continuado a busca por um parceiro logístico que pudesse atender o CNC conforme as nossas necessidades. Mas a questão acabou sendo levada com a barriga.

A verdade é que subestimamos o problema, como mencionei acima.

No início do projeto, eu não me importava que as entregas no Rio fossem feitas com meu carro, com o do Leo, por motoboy ou com um carro alugado para isso. Geralmente, conseguíamos reduzir o custo ao concentrar as entregas, afetando menos as nossas margens.

O maior problema era enviar caixas para outros estados, uma vez que, usando os Correios, havia um alto risco de avaria. Com nossas margens apertadas, o custo de frete via transportadora normalmente inviabilizava a venda.

Como avaria significava prejuízo e insatisfação do cliente, acabamos restringindo as assinaturas à cidade do Rio, Niterói e Grande Rio.

Isso representava uma limitação enorme para o nosso negócio, pois o CNC só poderia obter novos assinantes ou clientes que morassem naquele pequeno raio de atuação.

Às vezes um pedido ou outro ia pela transportadora, mas cotar frete demandava muito tempo. Como apenas eu trabalhava *full time* no negócio, e não tínhamos um funcionário encarregado da logística, o problema tinha impacto em muitos aspectos.

Uma pessoa extremamente otimista poderia olhar para esse problema e pensar que nossa ideia poderia ser validada em um ambiente mais controlado, com um número pequeno de clientes. Acontece que o negócio, por si só, exigia um volume bem maior de vendas para se manter, e apesar de termos uma lista crescente de pessoas interessadas em assinar em outros estados, a dificuldade de entrega era um grande limitador. Se você um dia decidir empreender no mundo da cerveja, saiba que este é um negócio de volume. Você precisa ter um volume de vendas alto para conseguir fazer as contas fecharem e obter lucro.

A restrição nas entregas inviabilizava a nossa própria existência.

28. LOGÍSTICA COMPARTILHADA

Mas nem tudo estava perdido. Ao menos não para a Cervejaria Aqueles Caras.

O Cerveja na Caixa havia me permitido fazer *networking* e conhecer pessoas que posteriormente foram importantes em minha jornada.

Eu costumava comprar de uma cervejaria carioca chamada Hocus Pocus para revender no CNC. Como acho que já mencionei, a Magic Trap, a primeira cerveja que eles tinham lançado, vendia muito bem no nosso site.

Confesso que, sempre tive vontade de produzir comercialmente uma Belgian Golden Strong Ale como a deles. Uma cerveja com teor alcoólico mais elevado, baixo amargor e dulçor na medida certa. A picância na língua e os aromas típicos da levedura belga tornam essa cerveja muito gostosa e interessante. Além de tudo isso, a pegada da marca, refletida na arte de um rótulo muito bem elaborado, faz dessa cerveja espetacular um *top hit* de vendas.

Quando começamos o clube, a Hocus Pocus possuía apenas a Magic Trap em seu portfólio. Comecei a relação com eles quando colocamos a cerveja em uma das caixas do mês.

Por conta da ótima rotatividade, eu estava sempre em contato com o Bruno, um dos cofundadores da empresa.

Também vindo do mundo corporativo, o Bruno havia entrado na sociedade para desenvolver a área comercial e de logística.

Se a Magic Trap era a cerveja número um no ranking de vendas do CNC, certamente também ocuparia a primeira posição em outros estabelecimentos.

Era assim mesmo. Quando eu visitava estabelecimentos para oferecer a minha cerveja, costumava perguntar para os vendedores quais cervejas artesanais vendiam mais, quais menos, etc. A garrafinha da tampa rosa era unanimidade.

Era visível que a Hocus Pocus estava crescendo vertiginosamente. E quanto mais vendas, mais entregas a fazer. Como eles estavam resolvendo esse problema?

Eu conversava muito com os entregadores das cervejas que encomendava das fábricas. Assim, podia contar com mais opções de entrega e também obter mais conhecimento sobre o assunto.

Eu tentava entender como eles conseguiam lidar com o frete das garrafas de maneira a não afetar tanto o custo final por litro transportado.

Tínhamos um problema em comum. Eles também precisavam vender suas cervejas em condições comerciais restritas para viabilizar os custos de entrega.

Aquilo funcionava com os clientes B2B, mas eu não achava que fizesse sentido para meus clientes B2C. Ao menos não da forma como eu estava explorando o modelo de negócio do CNC.

Eu tinha cometido o erro de deixar o cliente decidir quantas garrafas de cerveja ele poderia comprar.

Calma, eu explico melhor.

É claro que o cliente é quem decide o que vai comprar. No entanto, há uma quantidade mínima para justificar o esforço e o custo de entrega de um pedido. Por exemplo, o custo para entregar 24 garrafas é praticamente o mesmo que para entregar quatro. Então, por que eu não tinha criado uma maneira intuitiva de incentivar o cliente a comprar uma quantidade que viabilizasse a entrega?

Não sei. Talvez eu tivesse me baseado em falsas premissas, como a da liberdade do cliente para comprar o que quiser, o que pode ser apenas quatro garrafas, bem como a da variedade, que significa ter o maior número possível de opções em estoque para o cliente escolher.

Esses princípios permeavam as minhas decisões. Entendíamos que eram positivos para o cliente, mas não percebíamos como inviabilizavam o negócio.

Eu poderia ter pensado em meios de incentivar o cliente a comprar uma quantidade mínima de garrafas ou de um mesmo rótulo. Mas nossas pesquisas de mercado mostravam que nosso público-alvo gostava de variedade, de experimentar sabores novos, por isso eu achava tais ideias inviáveis.

O fato é que entregar ao cliente final uma caixa fechada de um mesmo rótulo, na embalagem em que viera da fábrica, exige muito menos dinheiro e esforço.

Eu costumava receber as entregas da Hocus Pocus na sede do Cerveja na Caixa, em Jacarepaguá. Um dos motoristas, o Fagner, havia comentado que eles tinham alugado um galpão com outras quatro ou cinco cervejarias. A ideia era dividir o custo do espaço e montar uma operação logística compartilhada para realizar as entregas no Rio de Janeiro e Niterói. Como eles estavam começando, ainda havia espaço para entrada de mais empresas.

Fiz contato com o Bruno, perguntando como poderia participar, pois aquela era uma solução incrível para um problema em comum com outros empreendedores.

A logística é uma questão tão crucial no setor da cerveja que é comum ouvir por aí que o principal negócio das maiores cervejarias do mundo como a AMBEV, é a distribuição, e não a produção. Na verdade, um grau de maturidade elevado em ambos os processos é o que possibilita à cervejaria deter cerca de 60% do *market share* no Brasil. Uma coisa ajuda a outra.

No entanto, o fato é que nenhuma daquelas empresas nascentes no mercado cervejeiro carioca estava preparada para resolver sozinha o problema da distribuição.

A ideia de unir forças com a concorrência para viabilizar custos fazia todo sentido, ao menos no estágio inicial em que nos encontrávamos.

O retorno do Bruno não foi positivo. A ideia da Log Cariocas era ter apenas cervejarias, e eles não tinham intenção de permitir a entrada de pontos de venda.

Tentei contra-argumentar, afinal, meu negócio não era um ponto de venda comum, como uma loja ou bar na cidade.

A resposta continuou negativa.

Mas, como eu disse no início do capítulo, nem tudo estava perdido.

Se eu pudesse migrar todo o estoque do Cerveja na Caixa para aquele armazém e fazer minhas entregas a partir de lá, a maior parte de meus problemas estaria resolvida.

Eu não precisaria mais ter que alugar uma sala comercial, armazenar pilhas e pilhas de caixas, montá-las, embalar os pedidos, carregar caixas pesadas de um lado para o outro e fazer entregas com meu carro. Bastava mandar um e-mail com a nota fiscal do pedido em anexo, e a equipe do armazém se encarregaria das atividades operacionais.

De fato, esse era o modelo que imagináramos implementar desde o início da operação do CNC através das grandes empresas logísticas nacionais. Mas tínhamos quebrado a cara com a realidade do mercado.

Posteriormente, vi que outra possibilidade seria passar a comercializar no site apenas as cervejarias que faziam parte da Log Cariocas, fechando uma parceria de comissionamento por venda realizada. Assim, eu não precisaria comprar estoque, pois atuaria como um vendedor virtual ou afiliado.

Bom, mas se não era possível resolver a questão da logística local do Cerveja na Caixa com a Log Cariocas, talvez desse para evitar inteiramente o problema na Cervejaria Aqueles Caras.

Eu estava começando um novo negócio, uma cervejaria cigana. Já estava ciente da maioria dos problemas que iria enfrentar para realizar minhas entregas da forma como vinha fazendo no CNC. Não iria funcionar bem.

Eu também já tinha feito algumas entregas de caixas e dos três barris que haviam sobrado do evento de lançamento da APA Puta Que Pariu. Se transportar caixas de cerveja era cansativo, carregar barris de chope era um castigo.

Minha próxima leva de chope estava no fermentador, em breve estaria pronta, e eu teria que alugar ou construir uma câmara fria para armazená-la.

A solução que eu penaria para viabilizar sozinho havia sido construída por outras pessoas que também estavam iniciando seus negócios no mercado cervejeiro.

Liguei para o Bruno novamente. Dessa vez, para dizer que queria fazer parte da Log Cariocas não como CNC, mas como Aqueles Caras.

Mas eles já tinham cerca de 12 cervejarias compartilhando a logística e não estavam aceitando novos candidatos. Também estavam funcionando em modo piloto, e nem sabiam se o projeto daria certo. A ideia era testar o modelo com poucas cervejarias, e, se funcionasse, expandiriam no futuro.

Mas, cara, eu precisava daquilo já.

Como mencionei antes, o processo de vendas para outros estabelecimentos, da prospecção da oportunidade até a entrega do pedido, exige bastante esforço e pode custar caro se feito inadequadamente.

Meu novo negócio não teria a mínima condição de dar certo se eu não conseguisse resolver o problema da armazenagem e logística.

Havia uma solução de armazenagem quente e fria, com logística integrada, pronta e gerenciada, funcionando com SLA, escalável e criada especialmente para atender cervejarias com modelo de negócio similar ao meu.

Eu não precisava construir toda aquela estrutura do zero sozinho, nem tinha como arcar com os custos apenas com capital próprio. Na Log, eu poderia começar com um custo de armazenagem proporcional à minha capacidade de produção, com poucas posições, e ir aumentando à medida que crescesse.

Na minha cabeça, eu já via aquela ideia dando muito certo. Além do mais, todas as cervejarias envolvidas na fundação da Log Cariocas levavam seus negócios muito a sério. Eu tinha certeza de que iriam operar da melhor forma, afinal, estariam transportando suas próprias cervejas aos clientes.

Resolvi insistir.

Entrei em contato com o Bruno outra vez, informando a quantidade de posições que queria adquirir e explicando novamente que usaria a estrutura somente para a Cervejaria Aqueles Caras, que já possuía certa demanda de vendas e entregas.

Alguns dias depois, eu receberia os termos e condições comerciais. Naquela época, era necessário comprar as posições logísticas no armazém. Fiz os pagamentos o mais rápido possível e abri uma cerveja para comemorar.

Eu havia tirado um piano das costas.

Poderia sair para vender e contratar vendedores, sabendo que os pedidos seriam entregues em qualquer bairro da cidade do Rio, Niterói e Grande Rio sem depender de mim.

De duas posições logísticas iniciais, passei para quatro nos primeiros meses de operação da APAPQP, vendendo basicamente a bares e lojas especializadas em cervejas especiais no Rio.

O problema logístico para outras cidades continuava a existir e, acabei percebendo que, devido à minha capacidade de produção limitada, era melhor focar na demanda local. E eu não conseguia supri-la somente com o que era capaz de produzir. Meu volume era limitado tanto pela capacidade de produção disponível na Los Dias, quanto pelo meu capital de giro e capital operacional. Uma possibilidade, por exemplo, seria investir em um fermentador próprio, e alocá-lo na fábrica da Los Dias, mas eu ainda não tinha certeza de que essa era mesmo uma ideia viável.

Eu já tinha ficado sem produto em estoque várias vezes, mesmo atendendo apenas o Rio de Janeiro.

Logo, focar nas áreas onde eu podia realizar as entregas consistentemente, através das rotas estabelecidas da Log Cariocas, parecia ser um bom caminho a seguir.

Eu poderia dominar primeiro o mercado local, aprendendo e desenvolvendo o negócio com os estabelecimentos parceiros. O passo seguinte seria repetir a fórmula em outros estados.

29. ESCOLHAS EXIGEM SACRIFÍCIO

Eu já tinha validado a aceitação da cerveja. Sabia que estava com um produto com alto potencial de sucesso nas mãos.

Agora estava buscando meios de escalar a produção, reduzir o custo por litro produzido e transportado e aumentar meus pontos de venda.

Eu precisava de ajuda, mas ainda não possuía capital disponível para assegurar uma folha de pagamento.

Eu já estava ficando sem fôlego, pois bancara o Cerveja na Caixa por muitos meses sem obter retorno. Meus custos fixos, principalmente depois que eu havia alugado a sala comercial e contratado um estagiário, estavam altos demais para o retorno que o negócio gerava. A minha necessidade de acesso a mais capital de giro e capital operacional já era crítica.

O break even do CNC era distante, sabia que levaria no mínimo dois anos até a empresa começar a se pagar. Isso se tudo desse certo.

Quando éramos quatro sócios, a carga era dividida, mas achei que daria conta de tudo sozinho.

Tinha criado a Cervejaria Aqueles Caras como um pequeno teste dentro do teste do Cerveja na Caixa, e os resultados iniciais haviam sido expressivos.

Lá em Taubaté, a produção tinha um custo final bastante elevado, devido ao frete e à substituição tributária. Minhas margens eram boas para a venda ao consumidor final, no varejo, mas péssimas para a venda no atacado, para PDVs como bares e restaurantes.

Mas eu sabia que meu produto funcionava. Bastava escalar a produção e os custos cairiam conforme o volume aumentasse.

O teste kamikaze, no Mondial de la Bière, havia provado que o produto era capaz de gerar conexão com as pessoas.

Eu sabia que aumentar a margem era possível, pois outros ciganos no Rio produziam com custo bem menor que o meu.

Logo após o evento, compartilhei com a Los Dias o sucesso que a cerveja havia feito. Tinha vendido tudo e precisava iniciar a produção de outro tanque da APAPQP imediatamente.

Então, conheci a primeira desvantagem em ser cervejeiro cigano. Eu não mandava no calendário de produção da fábrica, logo, não poderia suprir a demanda do mercado pelo meu produto da forma imediata e consistente que eu desejava.

A estrutura da Los Dias tinha se tornado um limitador. Não haveria tanques disponíveis a qualquer momento para fermentar minha cerveja. A cozinha de 250 litros, naquela época, exigia muitas homem-horas para produzir os mil litros de que eu precisava, sendo necessárias quatro brassagens de cerca de oito horas cada.

Os tanques fermentadores de 500 L me pareceram enormes quando fui lá da primeira vez. Mas agora minhas levas ocupariam dois tanques da fábrica durante um mês inteiro.

Foi ali que eu percebi que teria que produzir minha cerveja em uma fábrica maior. Os quatro dias de trabalho necessários para produzir uma leva elevavam demais meus custos. As tarefas de rotulação e envase também eram manuais, o que exigia ainda mais tempo e pessoal. Dificilmente eu conseguiria negociar melhor os custos de produção na Los Dias, porque a fábrica era limitada naquela época. Atualmente, eles contam com uma planta fabril bem maior, instalada em outro local de Taubaté.

Apesar de mais artesanal, produzir cerveja com tantas atividades manuais acabava sendo muito custoso. Eu precisava buscar fábricas onde os processos fossem mais automáticos.

Assim, conseguiria obter um custo de produção mais competitivo, ainda mantendo o padrão de qualidade.

O cenário ideal seria uma parceria na qual eu pudesse cuidar da parte de criação de produtos, marketing e vendas, enquanto meu parceiro cuidasse da produção e distribuição.

Como isso era bastante improvável naquele momento, comecei a fazer contatos com cervejarias no estado do Rio, buscando aumentar e baratear minha produção.

Eu também queria muito trazer a produção para perto de mim, pois assim poderia acompanhar todo o processo a um custo menor.

Novamente, o *networking* realizado no Mondial de la Bière através do Cerveja na Caixa foi importante.

Durante os quatro dias de evento, fiz muitos contatos com vendedores, cervejeiros, empresários, *sommeliers*, blogueiros, youtubers, jornalistas e outros produtores de conteúdo interessados em formar parcerias ou iniciar relações comerciais.

Uma dessas pessoas havia me trazido suas cervejas para experimentar. Degustando-as em casa, foi fácil me lembrar dele.

Sua tabela me proporcionava uma margem excelente para incluir os produtos no Cerveja na Caixa. Comprei algumas caixas para os assinantes do clube e para vender na loja virtual.

Além de apresentar suas cervejas durante a nossa rápida conversa no evento, o Abílio, sócio da Cervejaria Buzzi, falou sobre a sua nanocervejaria, instalada em uma fazenda no município de Santa Maria Madalena, RJ.

Na ocasião, ganhei uma garrafa de uma English Strong Ale feita com melado de cana, chamada Rumbier. Ironicamente, neste caso, a estratégia da amostra havia funcionado bem.

Carregada de características regionais, era o tipo de cerveja que eu adorava encontrar para o clube do Cerveja na Caixa. Eu admirava as cervejarias que ousavam arriscar, adicionando ingredientes locais às receitas clássicas. Sempre acreditei no potencial das cervejas artesanais brasileiras e via nesse tipo de produto a possibilidade de um dia desenvolvermos nossa própria escola cervejeira. A escola brasileira da cerveja nasceria como consequência natural do amadurecimento do nosso mercado. Com o passar dos anos, as cervejas adaptadas com características locais se difundiriam, tornando-se populares o suficiente para serem reconhecidas como um estilo predominante ou oriundo de determinada região.

Lembra da cerveja de pinhão produzida na região do Vale do Aço? Pois é, nos meus sonhos, um dia ela será reconhecida como um estilo típico de Taubaté, feita com ingredientes específicos de lá. O mesmo vai ocorrer com a primeira cerveja feita com melado de cana do mundo, lá na cidade da Dercy Gonçalves, com quem compartilho o amor aos palavrões.

Eu acreditava que o meu papel no Cerveja na Caixa era descobrir aquelas cervejas, compartilhá-las com nossos assinantes e mostrar ao mundo que o Brasil também faz cerveja foda.

A missão era nobre, mas, infelizmente, não estava se pagando. As contas não fechavam e não iriam fechar tão cedo.

Não suspendi as atividades do CNC logo após o Mondial. Ainda levei uns meses questionando se deveria mesmo desistir.

A última caixa do clube foi entregue em março de 2016. A loja virtual ainda funcionou por vários meses com o estoque remanescente, até o momento em que decidi entregar a sala comercial ao proprietário.

Eu precisava focar minhas energias e recursos financeiros no que me desse o melhor retorno.

A circunstâncias do momento eram mais favoráveis ao negócio da Cervejaria Aqueles Caras do que ao *e-commerce* do CNC, cuja logística continuava problemática e demandava mais investimento.

Meus recursos financeiros eram limitados, e eu não tinha como fazer tudo sozinho.

Precisei sacrificar um negócio em detrimento ao outro.

Entrei em contato com o Abílio novamente, para conversar sobre produção da APA Puta Que Pariu na Cervejaria Buzzi. Com os preços e condições comerciais dele, meu custo final ficaria bem menor do que na Los Dias, e o negócio teria mais chances de dar certo com as margens ideais.

Pela estrutura instalada naquela época, era provável que eu continuasse tendo problemas relacionados à capacidade de produção no curto prazo.

No entanto, eu poderia realizar minhas produções em mais de uma cervejaria. Não custava nada visitar e conhecer as possibilidades. Eu poderia aumentar minha capacidade de produção, diminuir meus custos e aumentar minhas margens, ainda que eu tivesse que lidar com outras variáveis que iriam surgir com a complexidade de minha operação.

Na mesma época, li uma matéria no site da Maria Cevada que dizia que a Mistura Clássica, que fazia a cerveja Amnésia, ia passar a produzir seus rótulos em uma nova fábrica em Angra dos Reis.

30. DE 500 PARA 5000 LITROS

O artigo dizia que a nova fábrica havia sido construída com o objetivo de triplicar a capacidade de produção da Mistura Clássica, que vinha operando no limite há bastante tempo em Volta Redonda.

Para se ter uma ideia, com a nova cozinha, seria possível produzir até quatro mil litros de cerveja em uma única brassagem.

Com uma capacidade total de produção de cerca de duzentos mil litros/mês, a nova fábrica permitiria que a Mistura Clássica atendesse à demanda do mercado por seus produtos, e ainda restaria capacidade ociosa.

A cervejaria tinha intenção de abrir as portas para os cervejeiros ciganos. Aquilo era música para os meus ouvidos. As fábricas do Rio ainda não eram tão abertas a produzir para terceiros, e aquela proposta representava uma mudança no cenário cervejeiro carioca.

Eu resolveria muitos problemas se conseguisse levar minha produção para lá. Poderia escalar o volume, ter uma disponibilidade consistente do meu produto e diminuir a distância entre a fábrica e o mercado consumidor, entre outras vantagens.

Mas havia um porém. O artigo da Maria Cevada também dizia que eles queriam trabalhar com empresas que já tivessem demanda de produção por volta dos cinco mil litros por mês.

Eu acreditava que tinha essa demanda, mas minhas produções até então haviam sido feitas apenas em levas de 500 e mil litros. Além disso, eu não possuía capital próprio livre para produzir cinco mil litros por mês, se essa fosse mesmo a exigência.

De qualquer forma, mandei um e-mail falando sobre a minha cerveja e pedindo um orçamento para produzir com eles.

Eu não sabia se iriam me responder ou se eu ficaria no vácuo. Produzir na Mistura Clássica parecia um sonho muito doido, uma grande ironia do destino. Afinal de contas, meu primeiro contato com uma cerveja artesanal brasileira excepcional havia sido através daquela Imperial IPA chamada Amnésia.

Se a resposta fosse positiva, eu teria que me mexer para levantar o capital necessário para produzir. Eu tinha dinheiro que não podia usar, pois estava comprometido com outras coisas, como as parcelas intermediárias do meu apartamento. Eu não tinha emprego, prestava alguns serviços como freelancer, mas sem previsibilidade. Nessa época, minha esposa já estava ganhando bem trabalhando em *home office* para a Motorola, e a pressão financeira para as contas de casa era bem menor do que quando apenas eu trabalhava. Eu poderia arriscar mais, bastava calcular o risco e usar minha reserva de capital com inteligência para continuar empreendendo sem gerar problemas familiares. Eu queria correr atrás dos meus sonhos, mas não podia colocar em risco os sonhos da minha esposa e da nossa família.

Uma alternativa seria recorrer às linhas de capital de giro do meu banco, mas essa não era a minha primeira opção.

Então apareceu o Flávio, irmão do meu amigo Beto, interessado em investir no meu negócio.

Ele também tinha construído uma reserva financeira e queria começar a empreender de alguma forma. Inicialmente planejara investir em uma franquia do Rei do Mate, um caminho válido, mas que exigia um investimento alto e também tinha seus riscos. Depois de uma reunião com a empresa franqueadora, ele percebeu que seu capital acumulado não era suficiente.

Ele precisaria começar o negócio contraindo dívidas, e com o cenário de crise em que o país se encontrava em 2016, a ideia parecia arriscada demais.

Trabalhando comigo, ele poderia começar a empreender em um ambiente com menos risco.

Sem querer parecer prepotente, devo admitir que meus negócios pareciam ser galinhas dos ovos de ouro para muitas pessoas que não conheciam a dura realidade do empreendedor. E, realmente, ambos poderiam ter rendido muito mais se naquela época eu tivesse o conhecimento que tenho hoje.

Resolvi fazer um teste para ver se daria certo trabalhar com o Flávio. Eu achava arriscado trazê-lo para o negócio, pois talvez ele não tivesse o perfil de sócio que eu já sabia que precisava depois de tentar empreender com amigos que não estavam prontos para isso.

Mas o Flávio poderia trazer o investimento que meu negócio demandava, o que seria positivo para nós dois. Eu resolveria meu problema de capital operacional e de giro pelos meses seguintes, o suficiente para sustentar a tração de nossas vendas.

Combinamos que o Flávio viria ao escritório do Cerveja na Caixa para conhecer como funcionava o negócio "por trás". Minha maturidade não me permite ler essa frase sem rir. Ele conhecia o site e nos seguia nas redes sociais, ou seja, conhecia apenas a frente do negócio. Tinha experimentado a

Apa Puta Que Pariu na casa do irmão e em um bar em Vargem Grande, e também bebia as cervejas artesanais brasileiras que o Beto recebia em casa através do clube. Ele conhecia o negócio do ponto de vista de consumidor e, como usuário final de um produto, não fazia ideia das atividades necessárias para que a cerveja chegasse até o copo dele.

Meu objetivo inicial com a entrada do Flávio na sociedade era que ele me ajudasse a sustentar o crescimento do Cerveja na Caixa. Além disso, eu achava que ele poderia resolver o problema logístico melhor do que eu e, com o tempo, assumir a gestão financeira e de estoque da empresa. Eu precisava de alguém para dar continuidade às atividades que tinham sido do Leo, pois não tinha condições de dar conta de tudo sozinho. E, claro, precisava de uma injeção de capital para resolver os problemas básicos da empresa e permitir que ela crescesse sustentavelmente.

Mas a visão do Flávio era um pouco distante da realidade. Ele ainda estava muito conectado à vida confortável de engenheiro de grandes empresas, e a realidade do empreendedor era um pouco mais dura. Ele esperava ter salário e retorno do investimento logo no primeiro mês, e eu sabia que isso era impossível. Claro que eu também gostaria de ter recebido pró-labore todos os meses desde o início, mas eu não retirava dinheiro da empresa. Pelo contrário, sempre era necessário reinvestir o capital.

ERA DIFÍCIL EXPLICAR PARA ALGUÉM DE FORA QUE O NEGÓCIO SÓ COMEÇARIA A SE PAGAR APÓS DOIS ANOS, QUE DARIA PREJUÍZO NOS MESES SEGUINTES E QUE HAVIA O RISCO DE NÃO ATINGIRMOS NOSSOS OBJETIVOS CONFORME O PLANEJADO. O PONTO DE INFLEXÃO ERA UMA INCÓGNITA.

A Aqueles Caras não era uma *startup* 100% digital e escalável, daquelas que queimam rios de dinheiro durante anos até se tornarem lucrativas. Não havia um fundo investidor garantindo o capital necessário para pagar salários aos cofundadores e manter o negócio crescendo, independentemente dos resultados.

Eu estava garantindo tudo, era o investidor e a força de trabalho.

Como em qualquer empreendimento que alguém se arrisque a começar, havia o risco de não dar certo.

Mas, com a nova oportunidade de produção na Mistura Clássica, talvez eu pudesse contar com o apoio do Flávio para dividir os custos de produção dos cinco mil litros de cerveja que teria que produzir como pedido mínimo.

Nesse caso, ficaria ainda mais fácil estabelecer metas e objetivos para nós dois. Ele entraria com a grana para financiar uma produção e seus custos de venda e distribuição, e reinvestiríamos o resultado nas produções seguintes. Ou, se quisesse, ele poderia retirar um percentual do resultado das vendas imediatamente.

Na pior das hipóteses, eu estaria reinvestindo todo o lucro gerado pela metade da produção paga por mim. A sociedade com o Flávio me ajudaria a baixar custos ao negociar volumes maiores.

Se o teste desse certo, poderíamos discutir a participação dele na empresa como um todo. Afinal de contas, eu já tinha feito uma série de investimentos na criação, teste e validação da minha ideia e ainda não estava exigindo o pagamento ou ressarcimento desses valores.

Antes da conversa com o Flávio em que decidimos dividir os custos de produção e vendas do primeiro lote produzido na Mistura Clássica, eu tinha feito uma reunião com o diretor comercial na cervejaria.

31. A PRIMEIRA VISITA À MISTURA CLÁSSICA

embra do e-mail que mandei, praticamente blefando que poderia arcar com a produção de cinco mil litros de cerveja de uma só vez? Pois é, o Leo, não o meu ex-sócio, o que estava à frente da área comercial da empresa naquela época, respondeu praticamente no mesmo dia.

Segundo ele, dentro de uns dois dias, outras quatro cervejarias ciganas visitariam a fábrica. Eu poderia me juntar a elas, e aproveitaríamos para conversar sobre as questões comerciais.

E foi o que fiz naquele início de março de 2016. Aluguei um carro, pois já havia vendido o meu, e parti em direção à fábrica no dia acordado.

Chegando lá, conheci o pessoal das outras cervejarias, a Marmota, a Verve e a Madá, todas em situação similar à minha, com dificuldade de expandir produção e necessidade de melhorar os custos. Já a Cervejaria 4 Folhas estava começando sua primeira produção comercial.

Mais tarde, alguns daqueles empresários e cervejeiros também se tornariam meus parceiros em eventos e outras ações no mercado de cervejas artesanais do Rio de Janeiro.

O trajeto de duas horas da minha casa em Jacarepaguá até a fábrica em Angra dos Reis parecia muito menos desgastante do que a média de seis horas da ida a Taubaté. Por mais que eu não fosse o cervejeiro encarregado da brassagem, eu julgava importante acompanhar de perto a produção, de forma a assegurar qualidade da minha cerveja. A viagem mais leve era muito positiva.

Ao chegar à fábrica, nós nos apresentamos e fomos para uma sala de reuniões. Apesar das negociações finais serem feitas individualmente, os acordos seriam basicamente os mesmos. O custo por litro produzido, os impostos e as condições de pagamento seguiam uma tabela padrão. O valor final da produção iria variar de acordo com a quantidade de insumos necessária para cada receita, além do volume final envasado em chope e em garrafas. Naquele momento, não sabíamos ainda como as perdas seriam tratadas.

O Leo mandaria o orçamento e a planilha de custos após a visita.

Depois da reunião, fomos dar uma volta na fábrica, experimentando algumas cervejas que estavam maturando nos tanques e conhecendo a estrutura que estaria disponível para produzirmos nossas próprias cervejas.

Com os equipamentos fabricados pela Egisa, aquela parecia ser a Ferrari das cervejarias, de longe a melhor planta cervejeira que eu havia visitado até então.

Cozinha é como chamamos a área de uma cervejaria onde é executado a etapa quente do processo de produção. E aquela cozinha era impressionante, com suas panelas de quatro mil litros cada e um painel de controle sofisticado.

Basicamente, a produção de cerveja é dividida em duas etapas principais: a quente e a fria.

A parte quente é onde ocorre o processo de moagem do malte, mosturação e fervura, que vai gerar o mosto, um líquido rico em açúcares fermentáveis que serão convertidos em álcool na etapa de fermentação. A adição de lúpulo ocorre na etapa de fervura do mosto, mas pode ocorrer também, adicionalmente, durante a parte fria.

Esta começa quando o mosto decanta e é então resfriado para dar início ao processo de fermentação e posterior maturação da cerveja. Ao fim da maturação, a cerveja está pronta para ser carbonatada, pasteurizada (se necessário) e envasada.

Em geral, as atividades de produção de cerveja seguem esse mesmo processo, quer a produção ocorra em uma fábrica ou com equipamentos caseiros.

Dependendo da técnica utilizada, outras atividades podem ser adicionadas ou eliminadas. O processo varia de acordo com o nível de automação dos equipamentos, da forma como a fábrica está estruturada ou como o mestre cervejeiro executa suas receitas.

Por exemplo, aqui em casa, eu faço cerveja utilizando apenas uma panela elétrica de 30 litros (*single vessel*), através de uma técnica chamada BIAB (*Brew in a bag*). Outras pessoas preferem utilizar duas ou três panelas, que é o método que mais se aproxima da realidade de uma fábrica.

As cervejas que fazia na pequena cozinha do meu apartamento eram produzidas dentro de uma bolsa, ou melhor, um saco feito de um tecido chamado *voal*, um presente do Jonas, que fazia as bolachas conta-chope. Apesar do meu equipamento para fazer cerveja naquela época consistir em três panelas e demais acessórios, adotei o método BIAB devido à praticidade e ao fato do equipamento ocupar menos espaço no meu pequeno apartamento.

A técnica BIAB utiliza o saco de tecido (ou o cesto em inox) para facilitar a separação do bagaço do malte do restante do mosto, e facilitava a minha vida. Com ela, eu não precisava de uma segunda panela para fazer a transferência do mosto para a fervura nem de uma terceira panela para aquecer a água adicional necessária durante o processo. Há vantagens e desvantagens em cada técnica, mas o BIAB se encaixava bem no meu espaço limitado.

Bom, voltando ao assunto, na Mistura Clássica eu seria capaz de produzir até quatro mil litros de uma única vez, em cerca de oito horas.

Meu único problema naquele momento era que, se eu tivesse que produzir sempre em levas de quatro mil litros, precisaria de muito mais capital de giro para financiar as produções, e meus custos de armazenagem subiriam proporcionalmente. Isso porque, para ter dois, três ou quatro rótulos em linha simultaneamente, eu teria que produzir e armazenar entre oito e dezesseis mil litros em um mesmo ciclo. Eu ainda estava distante dessa realidade.

E caso não conseguisse vender sequer os quatro mil litros dentro do ciclo mensal, eu estaria criando outro problema de caixa na empresa.

Já em casa, recebo a proposta de produção da Mistura Clássica.

Após a visita, as condições para produzir lá tinham ficado mais claras.

Minha meta passou a ser fechar um acordo de produção de dois mil litros, que era a capacidade máxima por produção, muito menor do que os cinco mil litros divulgados.

Seguimos com as negociações, e como não havia muitos tanques de dois mil litros disponíveis, combinei aguardar a liberação dos próximos tanques para produzir.

O que parecia impossível no início agora estava se concretizando. Eu não precisaria dar um passo tão largo e sair de levas de 500 e mil litros direto para cinco mil litros de um único rótulo.

E o melhor de tudo era que eu teria espaço para crescer, aumentando o volume produzido gradualmente, de acordo com a demanda.

32. O ROMPIMENTO COM A LOS DIAS

Àquela altura, um pouco antes de saber da possibilidade de produzir na Mistura Clássica, eu já não tinha onde produzir, pois a relação com a Los Dias havia sido abalada por um incidente.

Eu praticamente não tinha mais estoque da última produção feita com eles. Tinha sido a terceira, mas alguma coisa havia dado errado, e eu não sabia ao certo o quê.

Alguns clientes estavam me dizendo que queriam devolver as caixas compradas.

Eu não conseguia identificar o problema. Alguns clientes diziam que a cerveja estava excelente, enquanto outros me ligavam furiosos por eu supostamente ter vendido uma cerveja contaminada.

Mais tarde, descobri que a cerveja não estava contaminada, mas que algumas garrafas realmente tinham um sabor diferente. Como eu não queria clientes insatisfeitos, prontifiquei-me a substituir ou recolher as caixas imediatamente.

Eu não havia notado nada de errado nas duas ou três garrafas que abri. Pelo contrário, as que experimentei estavam de acordo com o padrão esperado em termos de aparência, aroma e sabor. A cor era linda, a formação de creme era consistente e duradoura, não havia *off flavors* no aroma, e o sabor era característico de uma American Pale Ale.

Eu já tinha vendido muitas caixas daquele lote e recebido elogios de vários clientes, mas outros continuavam me ligando para devolver suas garrafas de APA Puta Que Pariu. Segundo eles, a cerveja estava estranha, e dois tinham relatado que ela parecia estar contaminada. Um deles foi tão agressivo que acabei me estressando com ele também.

Eu estava frustrado com a situação. Liguei para a Los Dias, e eles afirmaram era impossível ter ocorrido algum problema de contaminação na fábrica.

Eu precisava resolver a situação, mas se o número de estabelecimentos querendo retornar minha cerveja aumentasse, eu não teria apenas prejuízo financeiro, mas também de imagem. De fato, após esse episódio, alguns clientes jamais voltaram a comprar minhas cervejas.

Eu não iria absorver aquele prejuízo sozinho, pois não havia produzido a cerveja sozinho.

Infelizmente, o número de reclamações continuava a aumentar.

Aquele defeito na minha cerveja estava tomando proporções maiores, pois um problema gerava outro. A começar pelo fato de que o capital investido na produção estava, de certa forma, bloqueado, uma vez que eu não me sentia mais confortável para continuar vendendo aquelas garrafas.

Visitei todos os pontos de venda que tinham relatado problemas, na tentativa de levantar os fatos e entender o que exatamente havia ocorrido.

Como o verdadeiro *newbie* que era na época, eu não tinha experiência suficiente para identificar o que teria causado aquele gosto fora do padrão em algumas garrafas.

Lembro que tinha ido recolher uma caixa em um bar no Flamengo, chamado Sublime, cujo dono, cervejeiro caseiro experiente, mencionara a possibilidade de ter havido um problema de caramelização durante a brassagem.

Aquilo fazia sentido, pois como o volume que eu produzia demandava três a quatro brassagens e dois ou três fermentadores, o problema poderia ter passado despercebido em uma das brassagens. Isso explicaria o fato de algumas garrafas estarem perfeitas, e outras não.

Apesar de posteriormente eu ter entendido que o problema afetara apenas 1/3 ou 1/4 da produção, era impossível saber quais caixas continham garrafas com defeito.

Continuei em contato com a Los Dias para tentar resolver o problema, mas era uma situação difícil para ambas as partes. De um lado, eles diziam que o problema poderia ter sido causado por armazenamento indevido ou calor excessivo durante o transporte.

Do outro, eu dizia que só poderia ter ocorrido na fábrica.

E apesar de eu saber exatamente em que condições as garrafas tinham sido transportadas e armazenadas, ambas as hipóteses eram válidas.

Ficamos em um impasse.

A solução, acordada aos trancos e barrancos, foi devolver a produção remanescente para a Los Dias e dividir o prejuízo.

No entanto, o estresse abalou nossa relação.

Ao mesmo tempo, eu precisava produzir mais, pois já havia clientes pedindo mais cerveja.

Eu tinha trabalhado tanto para abrir meus pontos de venda e mal conseguia atender aos novos pedidos.

Eu só queria poder riscar aquele problema da minha lista e seguir o jogo, produzindo mais e desenvolvendo o negócio.

Não tinha receio algum de continuar produzindo com a Los Dias, pois sabia que aquele havia sido um problema pontual, que poderia ser resolvido facilmente. Entretanto, as coisas já não eram mais como antes.

A responsabilidade pela situação era minha, ninguém iria resolvê-la por mim, e eu precisei tomar decisões para garantir a continuidade do meu projeto.

Deixamos de ser parceiros comerciais, mas ainda mantenho relações de amizade, afeto e gratidão com a família Los Dias.

Reencontrei a Melissa Dias cerca de dois anos depois desse episódio, ambos participando como expositores no evento Slow Brew, em São Paulo. Conversamos, bebemos nossas cervejas e deixamos as mágoas de lado. Alguns meses depois, o Alex me mandou de presente uma cópia do seu livro Cervejar é preciso, beber não é preciso, que se tornou uma das minhas leituras preferidas sobre cálculo de receitas. Ele veio comigo na minha nova vida na Holanda, e recorro a ele sempre que preciso.

A cerveja foi feita para unir as pessoas.
Vida longa à Los Dias!

33. A SEGUNDA RECEITA DA APA

Aguardando um tanque ficar disponível na Mistura Clássica, percebi que o Leo estava demorando muito a retornar meu contato. Já tinham se passado umas duas semanas desde a minha visita, e eu ainda não tinha uma data marcada no calendário de produção.

Peguei o telefone e liguei para ele. Acredito que era uma quinta-feira, e ele me disse algo do tipo:

— Terei um tanque de dois mil litros disponível na quinta-feira que vem, te interessa?

— Claro! — respondi.

— Mas você precisa brassar nesse dia, sem falta.

— Beleza!

Eu não tinha os insumos, não tinha cotação, não tinha fornecedor, não tinha nada.

Não havia clima para ligar para o Alex e pedir que ele me detalhasse a receita dele.

Eu sabia qual perfil de levedura era utilizado. Sabia quais variedades de lúpulos e maltes, mas não sabia exatamente como havia ficado a proporção final desses ingredientes na receita. Sabia que a temperatura de mostura era algo na casa dos 66°C e que a fermentação ocorria a 18°C.

Uma receita de American Pale Ale é provavelmente uma das mais simples de fazer, mas meu desafio era manter as características originais.

Eu precisava desenvolver uma receita do zero, mas que preservasse o sabor da APAPQP, afinal de contas, já estava sendo vendida em muitos pontos de venda.

Eu tinha uma semana para conseguir os insumos necessários para produzir aqueles dois mil litros.

Nem preciso mencionar que esse problema parecia minúsculo, pois dificuldades maiores tinham sido superadas.

Eu poderia começar a produzir na Mistura Clássica com um desembolso de capital bem menor do que eu havia previsto. Meus custos de produção seriam menores, a distância entre a minha casa, meus clientes e a fábrica seria bem menor. Além disso, eu não teria que inundar meu estoque com um volume de produção acima da minha capacidade de venda. Meus custos de armazenagem na Log Cariocas não subiriam de repente, e, dependendo do andamento das vendas, eu poderia simplesmente partir para um tanque de capacidade maior na brassagem seguinte. Haveria espaço para crescer muito e sustentavelmente a partir daquele momento.

Voltando ao problema menor, eu tinha que comprar os insumos, e para isso precisava ter uma receita já testada e pronta para ser executada, além de entrar em contato com diversos fornecedores para cotar preços, estimar prazos de entrega e condições de pagamento.

Eu confesso que não esperava sair daquela ligação com um *deadline* tão agressivo, mas desliguei o telefone com uma missão quase impossível a cumprir.

Saí disparando e-mails para distribuidores, solicitando tabelas de preços, enquanto tentava desesperadamente recriar a receita da American Pale Ale. Eu precisava saber as quantidades exatas de cada insumo necessárias para produzir dois mil litros da cerveja e fechar o pedido com os fornecedores.

E tinha que fazer isso o quanto antes, para dar tempo de a mercadoria ser coletada, transportada e entregue na fábrica. Os insumos poderiam vir do Sul do país ou de São Paulo, dependendo de onde eu fechasse negócio, portanto, o prazo era realmente apertado.

Por sorte, o Felipe, vendedor de uma distribuidora chamada Realli, estava muito empenhado em me atender.

Lembra do Jonas, do conta-chope e do saco de voal? Pois é, ele teve um papel importantíssimo neste momento. Era a única pessoa com quem eu podia contar, e aceitou se encontrar comigo no mesmo dia para me ajudar a recriar a receita da APAPQP baseado nos inputs que eu tinha. Com a ajuda de um software chamado Beersmith, calculei as quantidades exatas dos insumos e enviei o pedido para a Realli.

A galera daquele primeiro grupo de cervejeiros ciganos da Mistura Clássica havia criado um grupo de mensagens para trocar informações sobre a compra de insumos. O Mário da Madá me adicionou, e logo estávamos combinando compras coletivas e dividindo o frete dos maltes, lúpulos, garrafas e rótulos. Era uma quantidade de malte que eu jamais havia comprado antes, cerca de meia tonelada. Como outros cervejeiros também possuíam brassagens marcadas no mesmo período, conseguimos coordenar a divisão de um único frete direto da Realli. Lembro que chegamos a fechar a compra e o frete de um caminhão inteiro com cerca de 12 mil garrafas, reduzindo o preço unitário em cerca de 40% do que eu pagaria se tivesse feito apenas o meu pedido de duas mil garrafas.

O futuro parecia promissor, pois além de ter achado uma fábrica maior, mais barata e mais próxima, eu também estava fechando parcerias com outros *players* no mercado. A colaboração entre empresas do mesmo segmento me permitia obter custos mais baixos na aquisição de matéria prima ao fazermos pedidos em conjunto.

34. DIA DE PRODUZIR NA MISTURA CLÁSSICA

A missão parecia impossível, mas foi cumprida a tempo. Todos (ou quase todos) os insumos de que eu precisava para produzir os dois mil litros da nova APA Puta Que Pariu estavam na fábrica, prontos para serem utilizados no dia seguinte na minha brassagem.

Marquei com o Jonas e o Flávio para irem comigo. Eu tinha planos de ver os dois fazendo parte da Cervejaria Aqueles Caras. Eu precisava de ajuda na empresa e de sócios para dividir as responsabilidades, e eles poderiam agregar, cada um com suas qualidades.

Aluguei um carro, e nós três pegamos estrada para Angra dos Reis.

Jamais vou esquecer a energia daquele dia, as expectativas para o futuro, a sensação de estarmos atingindo objetivos e fazendo sonhos se tornarem realidade.

Minha primeira brassagem na Mistura Clássica foi guiada pelo mestre cervejeiro conhecido como Seu Severino. Muito querido no meio cervejeiro, Severino era responsável pela produção das cervejas da Mistura Clássica há mais de uma década. Sua experiência incluía outras décadas de trabalho em cervejarias de grande porte.

Eu estava extremamente empolgado com o resultado que teria com aquela cerveja.

Tinha projetado uma receita com maltes nobres ingleses, pale ale, como malte base. O malte Munich I, que correspondia a 20% da minha lista, vinha de uma maltearia alemã bastante conhecida pela alta qualidade de seus insumos. Os lúpulos americanos Columbus, Centennial e Cascade eram frescos, colhidos em uma safra realizada há menos de 6 meses. Eu havia acrescentado ainda uma boa quantidade de lúpulo para o *dry hop* generoso. Era uma receita aparentemente cara, mas eu havia conseguido ótimos preços com a Realli. A diferença entre produzir uma cerveja utilizando insumos mais baratos, naquele momento, era bem baixa. Nessa época, eu ainda achava que a qualidade deveria vir acima de tudo, sem importar o custo. Não vou entrar em detalhes sobre esse assunto delicado agora, mas depois descobri que deve haver um equilíbrio saudável entre custo e qualidade.

Eu precisava de 1 kg de uma cepa americana de levedura conhecida comercialmente como US-05. É um fermento do tipo Ale bastante comum no mercado, mas, por incrível que pareça, a Realli não tinha em estoque para fornecimento imediato.

Entrei em contato com o Leo para ver se ele me ajudaria a encontrar a levedura em outro lugar, e ele sugeriu outra ideia. Eu poderia reaproveitar a levedura utilizada na fermentação de outra cerveja em outro tanque. É uma coisa normal no dia a dia de uma fábrica, e até no ambiente de produção caseira. Eu só não esperava que, coincidentemente, acabasse reutilizando a lama de um fermento recém-usado para fermentar uma Amnésia.

Aquela levedura Ale de alta fermentação era exatamente a US-05 de que eu precisava. Ainda que reutilizada, em boas condições, traria o mesmo perfil sensorial limpo que eu buscava, destacando as características dos lúpulos e do malte no aroma e sabor da cerveja.

A Amnésia tinha sido a minha primeira experiência com uma cerveja artesanal brasileira, e me mostrou que também podíamos produzir rótulos de qualidade excepcional. Aqueles bilhões, trilhões de bichinhos famintos que haviam se saciado produzindo o álcool presente em uma Amnésia, agora iriam produzir o álcool da minha APA Puta Que Pariu.

Fantástico.

Devo abrir um parêntese aqui para dizer que, meses antes, eu tinha conhecido o Ricardo Rosa, autor da receita da Amnésia, enquanto a Debbie e eu aguardávamos na fila para entrar em um evento cervejeiro chamado Repense Cerveja. Na ocasião, também descobri que a receita da *Demoiselle*, uma ótima Porter da Cervejaria Colorado, havia sido criada por ele.

O fato de ele ter provocado tantas sensações boas em tantas pessoas com suas receitas me inspirava.

Por mais caótico e aleatório que fosse, o universo parecia estar conspirando a meu favor.

Aquele dia na Mistura Clássica com meus amigos foi muito produtivo.

Memorável.

Nosso futuro ali era promissor.

Havia uma oportunidade de aprender com quem havia construído uma das cervejarias mais renomadas no país.

Ao fim do dia, mandamos nossa American Pale Ale para o fermentador com a lama de fermento da Amnésia e fomos para casa felizes e sorridentes.

35. E SE A GENTE FIZESSE UMA SOCIEDADE?

Nos dias seguintes, não havia muito mais a se fazer a não ser aguardar que o processo de fermentação e maturação da nossa cerveja terminasse. Bom, há atividades que precisam ser feitas durante a fermentação, como por exemplo, medir e registrar a densidade do mosto diariamente a fim de verificar como sua atenuação está ocorrendo. Ingenuamente, nesta época, eu não achava que precisava acompanhar diariamente junto a fábrica, como esse processo estava indo. São atividades do dia a dia de uma cervejaria e, dificilmente eu contestaria alguma coisa.

A minha American Pale Ale, na receita que levei para a Mistura Clássica, fermentava a 18°C. Na produção que viria posteriormente, já em parceria com a fábrica, passaríamos a fermentá-la a 17°C. No processo de produção de cerveja, um grau de temperatura acima ou abaixo, tanto na fermentação, quanto na brassagem, traz resultados diferentes. A segunda receita da APAPQP, basicamente, só foi utilizada em uma única produção e logo daria lugar a terceira versão, modificada com a ajuda do Joerg Factorine, um dos mestres cervejeiros da própria fábrica.

De uma lista de maltes mais economicamente viável, a técnicas de adição de lúpulo como *First Wort Hopping*, com a terceira receita, entendi que para fazer uma cerveja de qualidade, não bastava comprar os insumos mais nobres (e mais caros) e "tacá-los" na panela de meia em meia hora.

Havia uma série de fatores que poderiam influenciar o meu produto final.

Não há uma quantidade de tempo exata para o processo de fermentação. Após a fermentação, isto é, quando não há mais atividade da levedura e o mosto foi todo atenuado, a cerveja está pronta para começar a maturar.

Em geral, a maturação pode ocorrer a uma temperatura de cerca de 10°C abaixo da temperatura de fermentação. No caso da minha "APAPQPv2", a minha concepção era que a cerveja deveria maturar a 5°C, o que não é errado. Mas ali, descemos a temperatura para zero, resultando em uma cerveja mais límpida ao fim daquela etapa.

Naquela época, eu sabia o básico do básico e recebia as informações de outros cervejeiros sem muita capacidade de criticar ou questionar. Mas eu tentava absorver tudo o que dava para absorver.

Meu papel era basicamente acompanhar a produção e verificar se as coisas estavam sendo feitas da melhor forma.

Mas o que mais eu poderia fazer naquelas quatro semanas de espera?

A fábrica possuía profissionais experientes, só me restava aguardar.

Enquanto aguardava, recebi uma ligação do Leo perguntando se eu poderia ir à fábrica.

Beleza. Como sempre, aluguei um carro. Nessa época, a atendente da Movida de Jacarepaguá até já perguntava como iam meus negócios e a minha esposa.

Cheguei na fábrica na hora do almoço, e o Leo e eu fomos a um restaurante na marina Verolme.

Aquele era um momento de mudanças na Mistura Clássica. Com a nova fábrica e a maior capacidade de produção, a cervejaria agora buscava formas de diminuir sua capacidade ociosa.

Uma das formas de fazer seria realizando produções sob encomenda para cervejeiros e empresários como eu, Marmota, Verve, Overhop, Madá, 4 Folhas...

Outra seria através de aquisição de marcas e empresas menores, que pudessem contribuir com novos produtos em seu portfólio próprio.

Recentemente, a empresa havia realizado uma fusão com uma cervejaria cigana chamada Beertoon.

Na minha imaginação, aquela fusão sinalizava um novo movimento de mercado, em que cervejarias pequenas como a minha, com rótulos validados pelo público, seriam adquiridas e poderiam crescer no mercado nacional.

Naquele almoço, estavam sentados à mesa o Leo, o Botto e eu.

Assim que terminamos de comer, o Leo me pergunta, com essas exatas palavras, se eu gostaria de ser uma sardinha ou um tubarão no mercado.

Na mesma hora, o Botto se despede e vai embora.

Eu já imaginava aonde a conversa iria chegar.

E, obviamente eu estava aberto à ideia.

Lembra que eu havia blefado que poderia produzir cinco mil litros de cerveja, quando, na verdade, não tinha capital líquido disponível para bancar aquela produção e as despesas acessórias?

Aí, por sorte, destino, coincidências do universo ou Deus, consegui um tanque de dois mil litros.

Era menos da metade do que eu esperava ter que produzir, e, ao mesmo tempo, o dobro do volume que eu havia produzido na minha última vez com a Los Dias. Era exatamente o que eu queria!

Eu ainda tinha o Cerveja na Caixa e diversas despesas variáveis para pagar. Os custos fixos como o aluguel da sala comercial e do apartamento onde eu morava, as prestações do apartamento que tinha comprado na planta, terrenos que eu vinha pagando desde antes de começar a empreender no mercado cervejeiro. Tudo ao mesmo tempo.

Eu estava disposto a sacrificar os meus investimentos, como ações e os dois terrenos, para me capitalizar, mas a situação do mercado imobiliário não estava favorável. As propostas que eu recebia eram "rolos" em sua maioria. Meu dinheiro em fundos de renda variável, que era pouco, também não estava rendendo e valia menos do que eu tinha investido. Não resolveria meu problema.

Eu estava quase com a corda no pescoço, como diz o ditado. Afinal, meu dinheiro estava todo imobilizado, minha capacidade de investimento era limitada, e eu não possuía capital suficiente para operar.

Claro, a corda poderia ser afrouxada se eu me desfizesse das minhas posições. Sempre soube que um financiamento imobiliário reduziria minha capacidade de investir. Há quem diga que financiamento de imóvel sequer pode ser chamado de investimento. Mas, como já mencionei, eu tinha outros objetivos de vida antes de começar a empreender neste ramo e não achava que uma coisa devesse excluir a outra.

Além do mais, mesmo que ingenuamente, eu estava disposto a fazer o negócio dar certo sem dinheiro.

Não acho que você deva fazer o que eu fiz, caso sua situação seja parecida com a minha.

Cada caso é um caso.

Eu pensava que havia semeado demais nos anos anteriores para sair desfazendo tudo o que ainda não havia colhido. Eu não queria que aquilo se tornasse uma aposta.

Mandar tudo para a puta que pariu era um ato de coragem, mas não significava ser inconsequente.

Eu precisava buscar alternativas, e a parceria no custeio das produções com o Flávio era uma boa, já que ele estava disposto a investir e ir para a rua vender também.

O Flávio tinha acabado de depositar na minha conta metade do dinheiro necessário para pagar a produção, e eu teria que voltar atrás no que havíamos combinado.

Já estávamos rodando nosso teste, com o Flávio indo para a rua e tentando abrir mais pontos de venda com as garrafas que eu ainda tinha da produção anterior.

Infelizmente, a experiência não estava indo tão bem. Lembro de um cliente no Leblon que tinha ficado furioso com a insistência do nosso vendedor. O Flávio estava certo em não desistir no primeiro não, mas tinha passado do limite naquela abordagem. Coisa de quem ainda estava aprendendo, assim como eu vinha aprendendo também.

Chegamos a visitar alguns pontos juntos, e ele não tinha vergonha ou medo de falar com os clientes, o que era sensacional.

Lembro que quando conversávamos no carro, divergíamos em algumas ideias e nem sempre chegávamos a um consenso. Talvez isso ocorresse por eu não conseguir transmitir direito a minha visão, talvez porque a mentalidade empreendedora dele estivesse sendo formada naquele momento e ele ainda precisasse sair da zona de conforto.

Ele também queria adequar a marca a ideias como veganismo e mensagens mais positivas.

Eu achava que isso até poderia ser bom para outra cervejaria, mas não para a Aqueles Caras. Eu precisava focar na consistência do que estava construindo. Tentava explicar que eu queria explorar os arquétipos relacionados a rebeldia e humor escrachado na criação dos produtos, mas seguir apenas essa linha não lhe agradava muito.

Eu passara os últimos meses construindo uma visão, e meu sócio em potencial queria tomar outra direção. Aquilo não poderia dar certo.

Por outro lado, o Leo havia me perguntado se eu não queria fazer uma espécie de sociedade com a Mistura Clássica. Nessa sociedade, eu seria responsável pela criatividade e o marketing da Cervejaria Aqueles Caras, e eles se encarregariam da produção e distribuição das nossas cervejas.

Era exatamente o que eu estava procurando, o cenário dos sonhos para atingir o sucesso que a minha cerveja tinha potencial de alcançar.

Com o acordo, eu não precisaria mais me preocupar com dinheiro.

Capital de giro nunca seria um problema.

Eu não teria que construir uma fábrica, muito menos desenvolver a distribuição nacional que tanto desejava.

Já estava tudo pronto.

Bastava colocar minha criatividade e ideias em prática, e tudo seria possível.

É claro que, como já mencionei, tudo na vida parece exigir sacrifício.

Dizer sim para a proposta da Mistura Clássica significava dizer não para o Flávio, também aceitar condições que aparentemente não eram tão favoráveis a mim.

Mas eu estava disposto a fechar qualquer acordo que viabilizasse a expansão da minha produção, trazendo mais clientes, receita financeira consistente e possibilidade de crescimento sustentável.

Esse certamente foi um de meus grandes erros: o desespero para fazer o negócio dar certo.

Mas apesar de ruim, a proposta deles solucionava o meu problema. Com o auxílio de um bom advogado, eu ainda poderia tentar negociar melhores termos.

Se as coisas se concretizassem como eu planejava, eu poderia criar um fluxo de renda quase passiva, que me permitiria continuar empreendendo, desenvolvendo novos produtos e tocando minha vida.

Jamais teria que voltar para os engarrafamentos diários e o emprego das 9h às 18h.

Renda passiva.

Royalties.

Achei que eu fosse ficar rico.

O Leo queria iniciar a sociedade imediatamente, aproveitando o tanque inicial que já havíamos produzido.

Dessa forma, eu não precisaria pagar pela produção, e ele me devolveria o dinheiro já pago.

Voltei para casa feliz da vida. Ainda no caminho, liguei para um advogado especializado em propriedade intelectual que eu conhecia do escritório ao qual tinha prestado consultoria de TI.

Marcamos uma reunião em seu escritório no centro do Rio de Janeiro. Eu precisava da ajuda dele para estabelecer um contrato que me protegesse e viabilizasse o negócio, ainda que eu aceitasse a maior parte dos termos propostos pelo Leo.

Após aquela reunião, o Nehemias redigiu um contrato que contemplava os meus interesses e os da Mistura Clássica.

Com minha produção já envasada e rotulada, o Leo propôs iniciar um período de teste de três meses, e depois prosseguir ou não para a formalização do contrato.

Esse arranjo também era interessante para mim.

O Leo tinha um perfil de vendas bem agressivo, focado em resultados e que poderia beneficiar a minha marca.

Mas eu também tinha medo do teste não dar certo e eu ficar impossibilitado contratualmente de tocar minha empresa da forma que eu quisesse.

Mas, como eu precisava atender à minha demanda urgentemente, aceitar o teste parecia o caminho mais lógico.

Afinal, eu não colocaria a mão no bolso, então não tinha muito a perder.

Iniciamos o teste.

Paralelamente, eu e o Nehemias trabalhávamos na adaptação do contrato para a criar uma parceria *win-win* com a Mistura Clássica.

Entretanto, como eu queria proteger minha propriedade intelectual, nossa proposta não era exatamente o que o Leo e a Mistura Clássica esperavam.

Eu aceitava me tornar sócio minoritário do negócio, mas queria que a propriedade da marca continuasse sendo exclusivamente minha. Eu já havia dado entrada no pedido de registro e aguardava a conclusão do processo. Assim, na nossa proposta, estaríamos realizando um contrato de licenciamento, no qual eu cederia os direitos de uso da marca de forma temporária, segundo a vigência estabelecida entre as partes. O contrato poderia ser renovado periodicamente e, como todo contrato, poderia ser rescindido caso uma das partes não cumprisse o acordado.

A proposta não soava interessante para a Mistura Clássica, que investiria no crescimento da marca, mas jamais seria dona dela.

O meu receio era acabar perdendo o controle da minha própria marca e do meu negócio.

Cheguei a ir com o Nehemias a Angra dos Reis para ter uma reunião sobre o contrato com os sócios da empresa, mas não chegamos a um acordo.

Durante o período de teste, eu ia ficando cada vez mais inseguro quanto ao sucesso daquela sociedade, pois não recebia atualizações sobre a minuta do contrato que havíamos proposto.

Em contrapartida, recebia os relatórios de vendas, fazia reuniões semanais com a equipe comercial e via que a Aqueles Caras estava crescendo.

O Giovanni Calmon, gerente comercial da Mistura Clássica na época, passara a ser o gerente de vendas da minha marca, e seu trabalho junto aos pontos de venda era sensacional.

Ele conseguia vender até para o cara do bar do Leblon, que havia ficado puto com nossa abordagem anteriormente.

Volta e meia, íamos tomar uma cerveja e conversar sobre negócios com os clientes. Eu também estava aprendendo a vender melhor com ele, buscando um relacionamento mais próximo com os estabelecimentos. Afinal, nem tudo se resumia a vendas. Não era à toa que muitos donos de estabelecimentos pareciam ter um grande apreço por ele.

Aquilo já parecia estar fora de controle, mas ver minha marca sendo vendida em lojas e bares de todo o país me trazia uma sensação de sucesso. Eu ganharia uma parte das vendas e pronto, *easy money*!

Só precisava ter paciência, e tudo iria se acertar.

Era como se eu soubesse que as coisas dariam certo, mas somente se conseguisse vencer o medo. Porque, de fato, o medo estava guiando parte de minhas decisões, e decisões que tomamos com medo tendem a não ser as melhores.

Para se ter uma ideia, no primeiro mês de operação com a equipe comercial da Mistura Clássica, faturamos cerca de cem mil reais com a venda da cerveja e do chope APA Puta Que Pariu. Meu grito de liberdade, refrescante e lupulado, estava sendo consumido em 16 estados brasileiros.

Pelas minhas previsões, alcançaríamos um milhão de reais em vendas acumuladas dentro de poucos meses.

A sensação era que tudo estava indo muito bem, apesar das incertezas.

Eu havia feito as minhas primeiras produções em levas entre 500 e mil litros na Los Dias. Tinha adotado o modelo de cervejaria cigana em novembro de 2015. Cerca de três meses depois, já estava negociando produções em uma fábrica maior. O que eu produzia já não cabia em um carro e demandava um caminhão para transportar.

Na Mistura Clássica, os 12 mil litros produzidos no período de teste tinham evaporado. Em menos de um mês, já havíamos iniciado a produção de novas levas e estávamos colocando um segundo rótulo no mercado. A *What The Hell*, uma cerveja no estilo *Munich Helles*, cuja receita fora criada pelo Leonardo Botto, havia sido desenvolvida inicialmente para integrar o portfólio da Beertoon. Entretanto, acabou sendo lançada como um rótulo da Cervejaria Aqueles Caras, o qual havia sido a minha primeira missão de criação naquela parceria.

Ainda lembro do Leo comentando que dinheiro não era problema, o problema era ter criatividade para criar as coisas. No meu caso, eu pensava justamente o contrário. Criatividade eu tinha sobrando, já o dinheiro...

A oportunidade de produzir minha cerveja na Mistura Clássica havia caído como uma luva.

Resolvia meus problemas de capital de giro, logística e força de vendas e ainda abria novas portas.

Na época, os meus conhecimentos sobre produção de cervejas ainda eram bastante limitados. Eu estava muito longe de me reconhecer como mestre cervejeiro.

Logo, uma sociedade com uma fábrica, com profissionais excelentes e que havia acabado de passar por um processo de expansão era a melhor parceria que eu poderia fazer.

Além disso, o acordo comercial que contemplava acesso a capital de giro para aumentar a produção, uma estrutura de distribuição e uma carteira de clientes estabelecida solucionava quase todos os meus problemas.

Mas... puta que pariu! Sociedades são complicadas demais.

36. APRENDA A NEGOCIAR ACORDOS COMERCIAIS

u achava que, ao trabalhar com cerveja, não teria mais que lidar com as mazelas do mundo corporativo.

Afinal, como alguém que produz ou vende uma bebida tão confraternizadora poderia querer passar por cima dos outros?

Bom, descobri que esse não é um mal do mundo corporativo.

É um mal do ser humano. Instinto natural.

Não importa qual seja o seu negócio, em algum momento, alguém vai tentar ferrar você. Ou você vai ferrar alguém.

Na maioria das vezes, isso ocorre por pura necessidade do negócio. Às vezes, seu parceiro de precisa seguir um caminho diferente. Pode ser também que ele prefira tomar uma decisão que seja mais benéfica para ele do que para você. Em outras situações, você mesmo vai ser a pessoa procurando fazer aquilo que é melhor para a sua empresa e não para a empresa dos outros. Isso é completamente natural.

A *vibe* que eu estava vivendo naquela época era anestesiante.

Eu tinha iniciado um negócio sem experiência no ramo e com poucos recursos, mas havia lançado um produto que estava tendo uma demanda maior do que eu podia suportar.

As pessoas gostavam do que eu tinha criado e havia uma cervejaria maior e pioneira interessada em uma sociedade comigo.

Eu não esperava que, com apenas seis meses de existência, uma fábrica com mais de uma década no mercado se interessasse pela minha marca.

A marca que fora criada dentro de um apartamento, em menos de um mês de trabalho.

Lembra que eu comecei nesse mundo de cerveja ao criar o clube de assinatura?

Pois é, investimos quase um ano alimentando o plano de negócio, planejando o clube e a loja virtual, e o sucesso veio mesmo através de um projeto pouco planejado e executado em menos de um mês.

E quando o sucesso vem de repente, sem que você tenha se preparado muito para ele, talvez você não saiba aproveitar bem as oportunidades.

Foi mais ou menos o que aconteceu comigo.

Considero tudo como aprendizado, mas o melhor cenário teria sido ter o conhecimento antes de tomar as decisões.

Na teoria, aprendemos que é possível estudar o mercado antes de investir em um negócio. Isso realmente é verdade.

O problema é que, no mundo real, as coisas funcionam de uma forma um pouco diferente.

Veja bem, qualquer conhecimento que pudermos obter antes de iniciar uma jornada nos será útil em algum momento.

Planejar é obrigatório. Não pense que quero dizer o contrário.

No entanto, somente a prática, a interação com o mercado, permite que você ganhe o entendimento necessário para ser bem-sucedido.

Somente a interação com o mercado permite que você colha feedback real e aperfeiçoe seu produto, de modo a criar algo que seus clientes realmente valorizem.

Eu tinha noção de que havia testado um protótipo de um produto, não criado a organização complexa necessária para operar um negócio de distribuição de bebidas.

Portanto, no início, eu entendia que não precisava me preocupar ainda com todas as outras áreas de um negócio de cerveja próspero e sustentável.

Primeiro, eu queria saber se o que ia tentar vender seria comprado por alguém.

Então, foquei primeiro em criar algo que tivesse significado para as pessoas. Algo com que elas pudessem se conectar através de minha própria história.

Ao estabelecer a conexão, imaginei que as pessoas comprariam o meu produto, mas, obviamente, precisava testar e colher feedback para confirmar que a minha ideia fazia mesmo sentido.

O lançamento no Mondial de la Bière me permitiu coletar um feedback maciço em um curto espaço de tempo.

Naqueles quatro dias de evento, pude confirmar que, sim, as pessoas comprariam o meu produto, com aquele palavrão no nome.

Muitos achariam uma loucura testar um protótipo em um evento com um nível tão alto de exposição da marca aos consumidores finais.

E se o seu produto for ruim?

Imagine o mico que a sua marca pagaria em um evento de grande porte?

Pois é, eu não tinha esse medo.

Não tinha vaidade. Estava fazendo algo completamente atípico, até mesmo para os meus próprios padrões.

Eu havia largado tudo pela cerveja. Não estaria nem aí se o lançamento falhasse.

Eu queria testar minha ideia. Se desse errado, minha marca e meu produto continuariam sendo tão insignificantes quanto antes do evento.

Algo que só existe na nossa cabeça não é valioso, é igual a nada.

Uma ideia não executada não vale absolutamente nada.

Àquela altura, meu conhecimento do mercado vinha da experiência com o clube de assinatura e loja virtual de cervejas artesanais brasileiras.

O conhecimento gerado alimentando o plano de negócio e fazendo o planejamento estratégico do Cerveja na Caixa não havia sido um fator de sucesso para o CNC. Entretanto, tinha se tornado insumo para o negócio seguinte, a Cervejaria Aqueles Caras.

Minha pesquisa de mercado para a Cervejaria Aqueles Caras basicamente foram os dados que eu mesmo havia gerado operando o CNC e interagindo com seus clientes e assinantes.

Através de ferramentas de *data analytics* conectadas às minhas páginas na internet, eu também conseguia gerar insights valiosos para meu novo negócio.

Eu sabia que estava aprendendo ao utilizar a abordagem de prototipagem na execução de minhas ideias. Era factível que o sucesso poderia vir das tentativas e erros.

Obviamente, eu queria acertar de cara, na primeira tacada. Mesmo sabendo que, na vida, ter todo o conhecimento para tomar decisões 100% certas é uma utopia.

Então, obviamente, tomei muitas decisões erradas.

Ainda que eu tivesse dados para embasar minhas decisões, errei ao fazer escolhas nas quais o acesso a dados não fazia diferença nenhuma.

Nessas ocasiões, o que me faltou mesmo foi experiência, aquela que só viria com o tempo de porradaria no mercado.

E é por isso que, o quanto antes você começar a apanhar do mercado, mais cedo sua ideia de negócio poderá prosperar.

Minha lista de falhas é extensa, e posso citar algumas:

Falhei em estabelecer acordos comerciais com parceiros de negócios.

Falhei ao realizar poucas contratações para formar um time campeão.

Falhei por contratar pessoas que não deveria ter contratado.

Falhei por deixar ir embora pessoas que deveriam ter ficado.

Falhei por nunca ter arriscado contratar quem eu queria muito ter no meu time.

Falhei por não ter cobrado judicialmente quem não pagou por mercadorias que eu vendi.

Falhei por ter exposto publicamente a minha insatisfação com inadimplentes. Essa não é a maneira certa de cobrar.

Falhei ao lidar com questões jurídicas.

Falhei ao não ter controlado 100% as minhas entradas e saídas de caixa.

Falhei ao não ter feito uma gestão de estoque exemplar.

Falhei ao confiar demais nas pessoas e suas palavras.

Em outras situações, falhei também por não ter confiado.

Definitivamente, falhei ao não focar consistentemente em Produto, Pessoas e Processos. Dei prioridade apenas ao Produto.

O que posso dizer, após todo esse tempo empreendendo, é que quanto mais cedo você ousar entrar nesse mundo, mais cedo seu aprendizado virá.

Quanto mais cedo você aprender, mais factível será o sucesso.

E, ironicamente, aprendi que o sucesso nunca vem cedo ou tarde demais. Ele vem quando nos propomos a obtê-lo.

A jornada é emocionante, mas vence quem sabe jogar o jogo.

Entendo ainda que ter sucesso, vencer, possui um significado diferente para cada um de nós. Para muitos, o sucesso só pode ser traduzido em dinheiro, acúmulo de bens e patrimônio líquido. Eu pensei dessa forma durante a maior parte de minha vida. Hoje, olho para trás e vejo que meu sucesso se materializou ao longo da jornada, e não ao fim dela, como uma espécie de placar final.

Eu havia começado o negócio do clube de assinatura de cerveja porque queria eu mesmo criar meu emprego dos sonhos.

Um emprego onde eu poderia ser pago para viajar e degustar cervejas. Por que não? Enquanto vivesse a vida de um Bon Vivant, ainda ajudaria pequenos produtores locais a divulgar e vender seus produtos para novos clientes.

Confesso que estava frustrado por ter descoberto da pior maneira que eu não mandava na minha carreira naquelas empresas multinacionais. Eu não tinha o controle que eu achava que eu tinha. Sempre achei que eu fosse o responsável por minha carreira, mas, à certa altura da vida, descobri que não era. O fato de um qualquer aparecer do nada e ter o poder de desmanchar tudo o que eu havia semeado nos últimos anos tinha me deixado com muita raiva. Eu não estava abdicando de dez a 12 horas do meu dia, todos os dia, apenas para ganhar um salário e pagar as contas do mês. O salário era excelente, mas eu não queria estar ali apenas pelo dinheiro. Eu trabalhava resolvendo os problemas do presente, mas com a ideia de que estava também plantando para colher frutos no futuro, resultados que viriam a longo prazo. Eu tinha um propósito, e esse propósito havia se tornado obsoleto da noite para o dia.

Felizmente, consegui encontrar um novo propósito e me entreguei a ele nos anos seguintes.

Eu consegui viver durante mais de cinco anos fazendo exatamente o que eu havia dito que faria: viver de cerveja.

Foi a jornada mais intensa da minha vida.

Foi a jornada mais valiosa que vivi, ainda que eu não tenha ficado rico, como muitos, inclusive eu, esperavam que acontecesse.

Mas cheguei perto. Meu negócio com a Mistura Clássica poderia ter sido extremamente próspero para ambas as partes, mas as coisas caminharam em outra direção.

Nesse livro, tentei contar o que aconteceu nessa jornada desde o momento em que decidi mandar tudo para a puta que pariu até o momento em que pude realmente confirmar que vale a pena investir nos nossos próprios sonhos.

Eu resolvi escrever esse livro porque senti que precisava compartilhar minhas experiências com outros empreendedores e pessoas que talvez estejam em um estágio de vida semelhante ao meu alguns anos atrás.

Tudo o que você leu até aqui ocorreu basicamente no primeiro ano de existência do Cerveja na Caixa e nos primeiros seis meses da Cervejaria Aqueles Caras.

Costumo dizer que minha vida de empreendedor no mercado cervejeiro se divide em dois períodos: Cerveja na Caixa e Cervejaria Aqueles Caras.

Ter investido tempo e dinheiro para materializar minhas próprias ideias foi a melhor decisão que tomei na vida. Se um dia eu voltar a trabalhar para outras empresas como funcionário e parar de empreender, farei isso com a sensação de missão cumprida.

A vida é feita de ciclos.

Eu consegui viver os meus sonhos em cada ciclo que vivi.

Tive coragem de tentar.

Eu realmente tentei.

Fui lá e fiz, sem medo de errar, e acabei acertando.

E errei também!

Definitivamente, aprendi a empreender como nunca havia aprendido antes, e espero continuar aprendendo.

A vida é uma caixa infinita de surpresas, e você só as descobre se ousar sair de sua zona de conforto para encará-la. Sou feliz pelas minhas descobertas durante essa jornada.

Mas nem tudo é glamour. O mundo cervejeiro não é tão glamouroso quanto parece. Assim como a vida de empreendedor também não é lá essa maravilha que vendem por aí. É preciso conhecer o seu propósito e ter muita paixão pelo seu negócio! É preciso curtir muito a jornada, porque ela é dolorosa e cheia de armadilhas. Vencer na vida é doloroso.

Talvez eu fale mais sobre isso em uma outra oportunidade, uma vez que esse livro não é suficiente para documentar todas as histórias de empreendedor que vivi nos últimos anos.

ESSE LIVRO ESTÁ TERMINADO, E EU GOSTARIA QUE VOCÊ LEMBRASSE DE UMA FRASE QUE EU OUVIA MUITO NOS EVENTOS DA MICROSOFT: *SEU MAIOR LIMITADOR É VOCÊ MESMO.*

Você é o responsável pelo seu sucesso.

Meu maior limitador, sou eu mesmo. Eu sou o responsável pelo meu sucesso. E eu sou o responsável pelo meu fracasso.

A ideia dessa mensagem era transmitir para aqueles estudantes, futuros profissionais de tecnologia, que ninguém podia impedi-los de ser quem sonhavam ser. Tudo dependia deles mesmos, ou melhor, de nós mesmos.

Coincidentemente, meu pai também sempre disse algo parecido: *Só depende de você.*

Somos plenamente capazes de buscar soluções e resolver problemas. E empreender é fazer isso todos os dias. Se você nunca empreendeu, não se assuste. Espero apenas que um dia você encontre seu propósito, aquele que te fará mandar tudo para a puta que pariu e ir lá construir seus sonhos.

Tenho certeza de que sua vida será prazerosa, intensa e libertadora.

Empreender liberta!

Porra, vai... Experimenta!

Liberte-se!

A CONTINUAR...

AGRADECIMENTOS

Decidi agradecer aos amigos que me apoiaram através da campanha de *crowdfunding* do Apoia.se reproduzindo o texto a seguir, que postei nas redes sociais em setembro de 2020. Naquela ocasião, quando decidi compartilhar com as pessoas que estava escrevendo um livro sobre empreendedorismo no mercado cervejeiro, recebi uma enxurrada de mensagens positivas. Tenho certeza de que essas mensagens e reações me motivaram a chegar aonde estou neste momento, prestes a publicá-lo e escrevendo estas palavras que você está lendo agora. A campanha de financiamento coletivo não foi concluída, pois cancelei-a depois de dois dias e devolvi o dinheiro aos doadores. As poucas horas em que a campanha ficou no ar foram suficientes para receber doações que eu jamais esperava. Pois é, estranho, publiquei uma campanha para coletar fundos para publicar meu livro e fiquei desconfortável ao receber as doações. O fato é que ninguém precisa de dinheiro para escrever um livro. Você pode até precisar de dinheiro para promovê-lo, mas definitivamente não precisa de nada a não ser foco e determinação para escrevê-lo. Bom, o que importa é que agora o livro está concluído, e não há dinheiro no mundo que pague a generosidade que as pessoas tiveram comigo. Mais uma vez, obrigado.

Meus amigos, espero que esteja tudo bem com vocês.

Recentemente, divulguei uma campanha para coletar fundos para publicar e traduzir o livro que estou escrevendo. *//SE VOCÊ ESTÁ LENDO ESSES COMENTÁRIOS, É PORQUE AGORA O LIVRO ESTÁ PRONTO E PUBLICADO!*

Alguns amigos, e ex-clientes que viraram amigos, compartilharam meus posts. Fiquei extremamente feliz também com os comentários de apoio que recebi no post anterior.

Quando vi a primeira doação, fiquei surpreso e, ao mesmo tempo, confuso.

Veio de um cara que conheci no meio cervejeiro e que sempre esteve comigo, bebia nossas cervejas, postava nas redes sociais, no seu blog e no seu canal de YouTube. 150 reais!!! Eu realmente não esperava, mesmo tendo divulgado uma campanha de crowdfunding um dia antes.

Por que esse cara tá tirando 150 reais do bolso dele para me ajudar?

Fui agradecer via Messenger e ele disse: "as capivaras se ajudam". //MUITO OBRIGADO, **MARCELO DUTRA**!

Beleza, ontem veio a segunda doação. 500 reais. O cara que mandou essa grana, era de uma outra cervejaria que por muitas vezes esteve nos mesmos eventos que eu estive trabalhando também. Quando esse cara estava nos eventos, eu sabia que iria dar umas boas risadas. O trabalho se tornava diversão.

Por muitas vezes, esse cara foi até o meu stand levando um copo da cerveja deles para eu beber. "A Cerol Fininho, da Suburbana, era a melhor Session IPA do Rio", eu costumava ouvir isso dos clientes nos eventos.

Quinhentos reais é muito dinheiro pra esse cara me doar. Por que ele fez isso? //MUITO OBRIGADO, **MÁRCIO CARECA**!

Depois dessa, veio uma outra de 450. Essa eu também não esperava, foi do meu pai, mas eu realmente não esperava que meus pais fossem mexer nas finanças deles pra me ajudar.

Nesses tempos difíceis que o Brasil se encontra, eu que gostaria de estar mandando grana para meus pais e devolver ao menos uma parte de tudo o que eles já fizeram por mim. // MAIS UMA VEZ, **OBRIGADO POR TUDO, PAI**!

Tudo isso mudou completamente minha relação com o livro. Eu estava fluindo melhor quando estava escrevendo na minha, sem ninguém saber.

Agora parece que tenho um piano nas costas, desnecessariamente.

Decidi cancelar a campanha e devolver o dinheiro dos doadores.

Pois de fato, eu não preciso de dinheiro para escrever um livro. Nem para publicá-lo em plataforma digital como eu havia planejado inicialmente.

O objetivo da campanha se tornou obsoleto, e por isso, não faz sentido que ela ainda exista.

Só preciso escrever. E concluir essa tarefa.

Um passo de cada vez.

Lá na frente, com o livro pronto, se eu precisar mesmo de ajuda para publicá-lo fisicamente, eu recorro aos meus amigos, que eu descobri que também são pessoas que às vezes nem imaginamos quem são.

Muito obrigado, meus amigos, muito obrigado!

"As capivaras se ajudam"

Cheers!!!

[Edit] Fui cancelar a campanha e vi que mais uma pessoa doou. Fico sem palavras. Desculpe pelo inconveniente de ter que devolver seu dinheiro, David, mas agradeço de coração e que a vida possa te retornar tudo em dobro. Abração! //MUITO OBRIGADO, **DAVID BONANNO**!

AGRADECIMENTOS II

Eu poderia encher páginas e mais páginas com os nomes das pessoas que passaram por mim durante essa jornada de empreendedorismo e que agregaram valor à minha vida e aos meus negócios.

O grande risco é esquecer de mencionar outros nomes que também foram muito importantes.

Pessoas que não foram mencionadas nesse livro, pois ainda não chegou a hora de mencioná-las.

Você, se de alguma forma acompanhou a cena cervejeira carioca, sabe que nossa história não termina onde esse livro terminou.

É preciso dizer, inclusive, que minha história como cervejeiro começa mesmo após os fatos apresentados aqui.

A partir do momento que comecei a produzir em uma fábrica chamada Artesamalt, localizada em uma fazenda na região rural de Belo Horizonte, toda a responsabilidade pelas receitas que eu desejava produzir passou a ser exclusivamente minha.

Eu tive que me virar, buscar mais conhecimento, aprender.

Foi um período ainda mais intenso. A cada tonelada de insumos, a cada brassagem executada, a cada litro de cerveja envasado e distribuído, mais eu queria melhorar a minha cerveja.

Eu virei um cervejeiro incansável, obstinado por qualidade, nunca satisfeito. Ganhei medalhas em concursos internacionais como a Copa Cerveza de Americas, no Chile, mas ainda assim achava que minha cerveja poderia melhorar.

Aprendi a criar, executar receitas fiéis ao estilo e também a usar a criatividade para inovar, sem necessariamente ficar preso ao "tradicional" do mercado. Com o tempo, passei a executar receitas de forma precisa, com atenção a detalhes que iam além das rampas de temperatura na mosturação ou temperatura de fermentação que eu havia aprendido no curso básico de cerveja caseira. Do perfil de sais minerais da água, seu pH, da relação perfeita entre amargor e teor alcoólico, pressão de carbonatação de acordo com cada estilo de cerveja e o número ideal de unidades de pasteurização para as minhas receitas, até chegar ao ponto de entregar a melhor experiência de degustação ao consumidor.

As avaliações no Untappd continuavam a crescer, tanto em número quanto em *rating*, mas ainda assim eu queria melhorar as minhas cervejas. No momento que escrevo esse texto, mesmo sem produzir cervejas comercialmente há quase dois anos, a Cervejaria Aqueles Caras ainda figura no ranking *Top Rated* de cervejarias ciganas brasileiras.

Participei de várias edições do Mondial de la Bière. Fomos convidados para eventos renomados em São Paulo, como o Slow Brew e em diversos outros lugares.

Participei e ajudei a organizar diversos outros eventos, fazendo colaborações insanas. De brownie feito com bacon e APAPQP até tatuagens em um evento de *Flash Tattoo*, onde as pessoas pediam para desenhar o logo da minha cerveja. Até hoje mantenho contato via redes sociais com a Rê, que anda por aí com a Apa Puta Que Pariu tatuada na perna.

Uma lista grande de pessoas famosas também consumiram minhas cervejas, de atores globais a apresentadores de televisão e figuras políticas.

Falando em política, a história de quando fui para Brasília como um dos representantes das microcervejarias do Rio de Janeiro e tentei entregar uma garrafa de APAPQP ao ex-presidente Temer também é ótima.

Até artistas de bandas de rock das quais eu ouvia nos anos 90 acabaram virando fãs das cervejas da Cervejaria Aqueles Caras.

Minha última produção no Brasil foi uma cerveja colaborativa com a Cervejaria Pontal e a Cervejaria Surreal. Estávamos analisando o perfil sensorial das madeiras que usaríamos para envelhecer nossa *Doppelbock* quando tive a ideia de adicionar madeiras de baquetas usadas para tocar bateria. Liguei para o Fred Castro, que topou a ideia maluca na hora, e naquela mesma semana fomos para Nova Friburgo fazer as inserções de suas baquetas em Hickory nas barricas de Amburana.

De uma hora pra outra, acabei fazendo uma cerveja colaborativa com um de meus ídolos da adolescência.

Cara, são tantas histórias para contar.

A cerveja artesanal me deu tanta coisa e me proporcionou tantas emoções e experiências que eu jamais esquecerei...

E, claro, histórias com finais felizes e tristes, inesperados e cheio de reviravoltas.

Mesmo com o risco de esquecer de mencionar alguém, é um dever agradecer à Los Dias, por ter me ajudado a começar. É necessário agradecer à Mistura Clássica, por ter me ajudado a crescer. Assim como, preciso agradecer à Artesamalt, por possibilitar o meu desenvolvimento como cervejeiro.

Agradeço ao Leonardo Tavares, Luiz Trindade e Diogo Gama por terem aceitado empreender comigo quando sequer imaginávamos que tudo viraria cerveja.

Agradeço ao Dalmo por ter dado o passo a diante em direção ao Mondial de la Bière de 2015. Tudo mudou após aquele evento.

Agradeço ao Filipe Peixoto, Jonas Silva e Yvan Lebrun por terem me ajudado em muitos momentos de dificuldades dessa empreitada.

Agradeço ao Luciano Mendonça, da Cervejaria Donna e Cervejaria Intensa, por ter lembrado do meu trabalho e gerado uma grande oportunidade pouco antes do lançamento deste livro.

Bem como, agradeço ao Charleston Agrícola e ao Sílvio Carnevale, ambos da Cervejaria Ambev, por terem me convidado e possibilitado minha participação como palestrante na Masterclass da Ambev durante o evento Mondial de la Bière online em 2020.

Agradeço aos amigos cervejeiros de Cabo Frio, São Pedro da Aldeia, Arraial do Cabo, Rio das Ostras e principalmente a galera da Acerva cabofriense. Alex, Rodrigo, Mark, Íris, Daniel, Paulo Barrozo, Tito, Pena, Victor, Victor Hugo, Tataco, Pedro, Martin, Sales... caralho, vou acabar esquecendo alguém!

Recentemente, prestes a publicar esse livro, vários amigos me ajudaram a escolher esta capa através de uma votação nas redes sociais. Sem o apoio de vocês, tudo seria mais difícil. Prometo mencioná-los, um a um, nos agradecimentos do próximo livro, pois neste momento, estou há quase dois dias sem dormir tentando terminar esse projeto.

E eu só quero terminar!

Espero, do fundo do meu coração, ter força, foco e determinação para escrever a segunda parte dessa epopeia o mais rápido possível. Que Deus me ajude!

Espero que você tenha gostado e, principalmente, encontrado inspiração nesse livro. O próximo será melhor. Saúde!

SOBRE O AUTOR

Pai do Zyon e da Yara.

Formado em Ciência da Computação pela Universidade Veiga de Almeida (UVA), Christian Santos possui um MBA em Gestão de Negócios e Sistemas de Informação pela Universidade Federal Fluminense (UFF) e é formado em Tecnologia Cervejeira pelo Instituto da Cerveja Brasil (ICB).

É empreendedor desde a adolescência, quando consertava computadores para ganhar dinheiro. Começou seu primeiro negócio de consultoria na área de Tecnologia da Informação pouco antes dos 20 anos de idade e vendeu sua primeira empresa aos 24. Começou a investir na bolsa de valores neste período, e foi *day trader* por seis meses, até que a crise de 2008 o fez mudar drasticamente de planos.

Aos 25, foi aprovado no processo de *trainee* de uma das maiores firmas de auditoria financeira do mundo, sendo um dos 15 contratados para o escritório do Rio de Janeiro entre 22000 candidatos de todo o país. Anos depois, já atuando como Consultor Sênior na área de *ERP Advisory e Performance Improvement* da EY (Ernst & Young), recebeu uma proposta para trabalhar na Michelin como Supervisor de Processos de Finanças para a América do Sul. Após seis meses na área de Finanças, passou a integrar o time global de Consultores de Gestão, focado em estudos de melhoria de processos, eficiência e mudanças organizacionais.

Entre 2014 e 2015, inspirado no livro A startup enxuta, de Eric Ries, desenvolveu e fundou o Cerveja na Caixa com três amigos. O Cerveja na Caixa foi o primeiro clube de assinatura e loja virtual especializado em cervejas artesanais brasileiras no mundo. Sua missão era possibilitar que os assinantes consumissem cervejas artesanais com características regionais produzidas por pequenas cervejarias espalhadas pelo país. Posteriormente, desenvolveu sua própria plataforma de *e-commerce* e transformou o clube em um dos maiores catálogos de cervejas artesanais brasileiras da internet.

Durante o mesmo período, aprendeu a fazer cerveja e criou sua própria marca de cerveja artesanal. Foi ao pivotar para o ramo da produção cigana que Christian se descobriu como cervejeiro, em uma jornada cheia de conquistas, vitórias, falhas e muito aprendizado.

Ao criar a Cervejaria Aqueles Caras, passou a explorar um modelo de negócio onde a produção da cerveja se dava de forma terceirizada, utilizando a estrutura ociosa de plantas fabris existentes. Isso lhe permitiu abrir o negócio com baixo investimento, e até pouco conhecimento sobre produção de cerveja, uma vez que a maior parte do aprendizado se deu durante a execução do negócio.

Atualmente, Christian mora na Holanda com sua família, onde trabalha como Engenheiro de Sistemas em uma *scale-up* no setor de comércio eletrônico e desenvolve novos projetos para o futuro.